命と脳

西田文郎

海辺の出版社

まえがき

人工知能は、人間を超えるか。

そのような議論が科学者達の間でなされるようになってから久しい。「シンギュラリティ」という概念は1950年代から存在したが、2005年にアメリカの起業家・未来学者のカーツワイル氏がその著書の中で「人工知能（AI）が人間の知能と融合する点（＝シンギュラリティ）は2049年」と予測した。

2025年が明けた今日の時点で、「その日」がいつ訪れるのか、という議論はますます熱を帯びているものの、意見は専門家の間でもはっきり分かれている。

2030年までに起こるだろうとする説がおよそ4分の1、2060年までが4分の1、それ以降だという説が4分の1、そして起こり得ないとする説が4分の1、という「四《よ》つ巴《どもえ》」の状態なのである。

残念ながら、私自身がこの議論の結果をこの目で確かめることは、齢七十五を過ぎた身にとっては難しいであろう。しかし、あるいは身体を冷凍保存し、脳以外のすべてのボディパーツを取り替えることができる時代に解凍・手術を行なったならば、300歳まで生きながらえるかもしれない。

そんな夢のような話も一笑に付することはできないほど、世界の科学は進化し続けている。

私はこれまで50年間、脳の研究を行ってきた。自分の脳をコントロールすることによりNo.1を勝ち取る方法を指導した結果、日本のトップアスリートや経営者を成功へと導いてきた。一方で、優秀な科学者達をネットワークし最先端の研究・技術の情報を得ることにより、これらの指導ノウハウを磨いた。そして、それらの最新情報に基づいた未来予測で、常に時代の先を行く「脳の使い方」を提唱してきたつもりである。おかげさまで、これまで約70冊の著書を、多くの方にご愛読いただいてきた。

本書は、その50年間の集大成である。

20年ほど前から私は「これからは人工知能の時代になる」と話してきた。しかし当時、「人

まえがき

間の仕事はなくなるよ」と言っても、大抵の人は本気にしなかった。

最近では、ＡＩが将棋で勝った話題や、ChatGPTと自然な対話ができたりと、ようやく身近な実感として多くの人が「ＡＩの時代」を感じるようになったようである。

しかし、ほとんどの人がまだ理解していない。

シンギュラリティがいつなのか、という結論を待つまでもなく、もう既に人工知能は、人の働き方や生き方を変えていっている。間違いなく、ひとりひとりの未来に具体的な影響を与える時期がもうそこまで来ているのである。

また、これまでにないほど日本という国が危機的状況にあることは、さまざまな側面で多くの人が感じていることでもあろう。

私は、この時代にもはや生き残れるのは「１００社、１００物、１００人」しかないと考えている。

強運やツキを呼ぶといった従来の成功法則だけでは、もはや太刀打ちできない時代である。

そして、ここ数年は、私のもとで熱心に学ぶ一部の経営者だけに、自分の脳を使って突き抜けた成功を獲得するための究極理論を伝えてきた。

しかし、もう時間の猶予はない。私も老齢となり、自分で全国を飛び回って大切な事を伝えることは困難となった。最後に伝えたいことを全て書き記そう、それが本書を執筆する理由である。


私は50年前に、人間の脳の凄さに魅了され、その研究に人生のほとんどを費やしてきた。若い頃から「人間の脳はスーパーコンピューター」「誰もが天才だ」と、繰り返し伝えてきた。拙著を読み、講演でその言葉を聞いてくださった方も多いであろう。

今、そうしたこれまでの研究活動の全てを賭けて宣言する。

人間は、今こそ、自分の「脳」を知り、脳を最大限に使うことによって、新時代の扉を開ける時である。

そして、その脳を司っている「命」を持つのは人間だけだ、と知ることである。

人間が生み出したＡＩに、われわれの知能は遠く及ばない。しかし、我々には「命」がある。誰もが等しく限りある命のなかで、その命の時間を知り、自らの天命を求め生きる。そ

まえがき

ここにこそ、人間にしかない活動の原動力がある。
そして私は、この日本に生まれ、日本に生きる人達は、非常に特殊な脳を持っていると確信している。それは、「心」と「魂」の概念、「命」の概念、そして「祈り」によるところが大きい。これらは本書で全て、紐解いていく。

これは、国家論や宗教論といったものではない。あくまで脳科学の見地から分析し導き出した理論である。そして私は、日本人の脳こそが、世界のあらゆる課題を解決に導く可能性を持つとも考えている。

これまでの私の書を手に取ってくださった方は、強運やツキを求め、実際に実践して数々の成功を収められたことであろう。しかし、これからの時代は「命と脳」に真っ向から取り組まなければ、未来はない。まさに生きるか死ぬかである。
そして究極の成功とは、未来にその命を刻みこむことである。本書を通じて、より多くの方が自身の命と脳を最大限に使い、この国ばかりではなく世界の人類の未来を明るくひらくよう、私自身も命を賭してお伝えする所存である。

命と脳

目次

まえがき　1

第1章　究極の二極化時代の到来　19

封印したノウハウ
マインドコントロールに溢れる社会
究極の孤独列島、日本。
ほほ笑みうつ病
自殺者数の真実
脳は錯覚を生み出す臓器
脳をコントロールせよ
5大「錯覚要素」＝仕事・恋愛・結婚・宗教・人生
恋愛とドーパミン理論
「文字の発明」とダンバー数
最強の人間関係を築けているか

第2章　錯覚の法則

聴覚の錯覚
■幻聴の種類
■脳の仕組み
■脳は瞬時に3層全体が反応する
視覚の錯覚
思考の錯覚
■世の中にあふれる錯覚
■No.1効果と「要の法則」
■赤信号みんなで渡れば怖くない
■不協和を解消しようとする
■印象は基準により変化する
■まだまだある日常的な錯覚
■占いはなぜ当たるのか
■99：1理論

魂の錯覚
■心と魂
■「拝む」「祈る」
■良い錯覚と、悪い錯覚
■「優越の錯覚」と「劣等の錯覚」
■人生一回、反省するな！
■努力は報われない
■好きなことを楽しもう
■才能を磨けば、皆天才である
憶聴の錯覚
■無意識に新しい記憶をつくる憶聴野
■創造の根源「憶聴」
■恩感力

目次

第3章　経営者の究極の成功とは 111

日本のほとんどの経営者は危ない

人類の未来

超富裕層と貧困層の格差社会

「100社・100物・100人」の法則

第4章　脳科学から見る「命」 123

人類とセックス

英雄、色を好む

一夫多妻か、一夫一妻か

女が男を捨てる時

女は染色体XXだから変身する

男性の染色体XYの本能

乗り換えの法則

人生100年時代の結婚と離婚
女性の活躍は、何をもたらすか
人類学的な進化からみる「命」
縄文時代を知ると見えてくるもの
枢軸時代
サルの脳には「神様」はいない

第5章　『突き抜けの法則』とは

絶対に突き抜けられない人の脳の特徴
■マイナス思考
■甘い、ぬるい
■行動力がない
■信念がない
■理屈っぽい
■己を信じられない

目次

人間の欲望と欲求
成功には質がある
『突き抜けの法則』とは
10の基本原則
①「ツキと運の根本的な違い」を知れ
②「生きる目的と手段の違い」を知れ
③「人との出会い、出会いの人間学」を知れ
④「経験こそ財産である」を知れ
⑤友には質がある「真の友、魂友を大切にせよ」を知れ
⑥登る山を決めよ「登る山によって全てが決まる」を知れ
⑦「社会的成功と人間的成功を錯覚するな」を知れ
⑧「愛は脳の究極の錯覚である」を知れ
⑨「勉強の質が大切である」を知れ
⑩「脳の判断には、科学的な感覚と宗教的な感覚で、ものを考える2種類がある」を知れ
7つの鉄則
①戒めの法則

■比率の法則
■天運の法則
■先祖の歴史を調べる
②
No.2理論
■No.2の条件
■No.2の役割
■No.2の評価
■No.2に惚れられるNo.1になる
③
職場の環境整備
④
心の環境整備・他喜力
■脳のティーアップ理論
■他喜力とは
■強運になる『10人の法則』
■自分の殻を破る方法
■死を考え、強く生きる！
⑤
成信力と芯記憶

⑥ 無双拝・十方拝
⑦ 憶聴・天の声

第6章　命と憶聴　275
記憶の秘密
「憶聴記憶の蔵」にあるもの
憶聴を起こす
魂を磨く

第7章　日本人の「命」　293
日本人の脳の秘密
「訓読み」に刻まれた、日本人の命
命に宿る魂

第8章　究極の脳力開発

305
うんと遅れて気づく人
脳の可塑性
自分とは、時間が経てば他人と同じ
脳の垢
人類の究極の脳力開発とは「行動力」
天才の脳をつくる究極の手法『泉の法則』
『振り子の原則』と『チョロいの法則』の組み合わせ
脳の異常集中「ＲＡＳ」
ピグマリオンミーティング
ツキの法則と、ドツボの法則！
『泉の法則』を起こす「憶聴」の力

第9章　命と脳　343

命とは

いかに死ぬか

生きて教育、死して教育

「温故知新」を超えて

プライドと誇り

哲学者であれ

特別付録　「命と脳」に深く刻み込む「19のワークシート」について　365

あとがき　超知性の時代を生きる人たちへ　384

第1章

究極の二極化時代の到来

封印したノウハウ

１９８０年代後半、バブルに躍る時代。私はある時を境に、一般の方々に向けて広く参加者を集めるような講演を一切やめた。

それは何故か。講演会場の中に、宗教関係者や悪徳商法関係者が紛れているのを察知したからである。

彼らは私のノウハウを知りたがった。私の持つ、脳の力によって一流のアスリートを超一流にする手法、そのノウハウを恐ろしいマインドコントロールに悪用しようとしていると気づいたのだ。

それから私は一般向け講演をキッパリとやめ、身元のしっかりした、成長を志す経営者たちだけに特別なノウハウを伝えてきた。それが『西田塾』であり、そこから数多くの超一流経営者が育っていった。

実際、脳のことを知れば、マインドコントロールは難しいことではない。のちに１９９５年、カルト教団が日本中を震撼させた事件が起こったが、なぜ高学歴な若者たちが凶悪な犯罪に手を染めるほど教祖に心酔していたのか、私には容易に理解できた。教祖はマインドコントロールの手法を巧みに操っていたのである。

脳を知り、脳をコントロールする方法を知ることは、実はそれほど恐ろしいことなのである。私の講演活動や執筆活動においても「絶対に誰にも話してはいけない」部分というのがある。それを公開してしまうと、簡単に他人をマインドコントロールすることが可能となってしまう。だから私はこれだけは駄目だと思うことは絶対に公開してこなかった。


しかし本書では、ついに私のノウハウの全貌を体系的に公開する。

これまで私は「ＮＯ・１理論」「ツキの大原則」などの著書で、数々のノウハウや理論、法則を発表してきた。しかし、それらは、私の膨大な脳の研究成果からほんの一部を切り取ったものであった。断片的であっても、ダントツの成果は現れる。実際、多くの方がこれらの理論や法則を実践し、成功を収めてこられた。

これまであえて全貌を語らなかったのは、最初に述べたようにこれは「悪用禁止」だからである。そのように封印してきたノウハウを、なぜ本書で明らかにするのか。それは、現代社会がいよいよ大きな転換期を迎えているからである。

情報化社会の急速な進展により、二極化が進んだ。経済格差だけでなく、社会的、心理的、文化的な分断が深刻化している。これまでも危機感はあったが、恐れていたことが本当に表面化してきた感がある。究極の二極化時代の到来である。

ここを生き抜いていくには、従来の成功法則だけでは通用しない。二極化の、貴方はどちらに属したいか。これからの人生を豊かに歩むためには、自らの「命」と「脳」を知り、それを使いこなす術を得るしかないのである。

本書は、これまでの私の著書や講演を通じて数々の理論や法則を会得してくださった方々に向けて、それらをひとつの大きな体系の中で整理し、理解を深め、再統合していただくために書いた。あるいは、脳の秘密に興味を持ち本書で初めて私の理論に出会ってくださった方へ、いきなり究極の極意をお伝えするために書いた。

書籍としては初公開となる新たな法則や理論も、数多く掲載している。まさに私の研究50年の集大成の内容である。

その一つが、第2章にて詳しく述べる『錯覚の法則』である。2015年に私は同タイトルの書籍を出版しているが、そちらは広く一般の方に向け、自分の脳に働きかけて人生を前向きに転換するための本であった。本書でお伝えする『錯覚の法則』とは、この時代を生き抜くための基礎知識として新たに伝えるものである。

脳は錯覚の臓器である。錯覚を知り、錯覚から身を守り、錯覚を乗りこなすことによって、現代社会の姿を正確に捉えることが可能となる。

「歴史は繰り返す」

この事は多くの人が知るところである。当然ながら、太古の昔より全ての事象は人の脳が思考し、行動した結果だ。歴史のすべては人間の脳が行ってきたのである。ということは、脳を知ることによって、歴史をより深く分析することが可能となる。そればかりか、未来の大局すら見通すことができるのである。これは占いや予言に類する話では全くない。あなたの脳が、歴史が伝えてくれる物事の本質を見極められるようになるのだ。

そこで、まずは今を取り巻く社会問題のすべてを脳科学の見地から分析する力を、読者の皆様にぜひ体得して欲しいのである。

マインドコントロールに溢れる社会

見渡せば、世の中はマインドコントロールに溢れている。特にSNSを土壌とした犯罪は、人間の心理を巧みに操り、人を陥れていく。

私は何年も前から、経営者向けの講演で、日本はこれからどんどん治安が悪くなると申し上げてきた。受講された経営者の方々も、そうだな…何となく日本はこのままでいいのかな、といった感覚はお持ちだったはずだ。

しかし、私から見る脳科学に基づいた予測はかなり深刻であった。あまり不安を煽るような話は控えてきたのだが、世の中は危惧してきた通りの道を突き進んでいる。ほんの一例を挙げる。

「オレオレ詐欺」と称される高齢者を狙って金を騙し取る手法も、どんどん手口が巧妙になり、悪質化の一途を辿っている。もはや対象者は高齢者に限らず、「なりすまし詐欺」と広く言われるようになった。他人のアカウントを不正に利用し、友人や家族になりすまして金銭を騙し取る手口へと進化している。

たとえば、警察署を名乗る電話で事件の容疑がかけられていると出頭を迫り、最終的に金銭振込に持ち込むなど、巧妙ななりすましも増えている。

相手の心を操り、これはもしかして本当なのではないか、と疑いの心を晴らしていき、犯人のペースに持ち込んでいく。明らかなマインドコントロールである。

他にも、ますます巧妙になるＳＮＳ詐欺は枚挙にいとまがない。

金融機関などを謳ったメッセージで偽のリンクを送り、個人情報やログイン情報を盗む「フィッシング詐欺」。

プレゼント当選と称し、個人情報やクレジットカードの情報を取得する「プレゼント詐欺」。

ＳＮＳを通して恋愛関係を偽り、最終的には金銭を要求する「ロマンス詐欺」。

実際には存在しない高リターンの投資案件を紹介して金銭を振り込ませる「投資詐欺」。

実在しないブランド品を割安で販売すると謳うなど、実際には存在しない商品やサービスを販売して代金を騙し取る「商品詐欺」など。

対象者・被害者も高齢者からどんどん若年化している。人々の心が簡単にマインドコントロールに落ちる社会になってきてしまった。

「闇バイト」なる言葉も登場した。ＳＮＳで犯罪の実行役を募り、強盗犯罪を実行させる。時には殺人すら厭わない。

この犯罪行為に「バイト」などという軽薄な言葉を使うこと自体がマインドコントロールに他ならない。浅はかな若者が金欲しさに犯罪を犯したところで、優秀な日本の警察は必ず逮捕する（その検挙率も近い将来どうなるかわからないが）。つまり、逮捕されるのは指示役ではなく自分であり、そのバイト代は永久に支払われることはないのだと、どうして最初にわからないのであろうか。それもマインドコントロールなのである。

また、新宿の街角では二十歳前後の若い女性が、いわゆる「立ちんぼ」をしているという。生きるために女性が体を売るということは、はるか昔から世界中で存在してきた。しかし、昨今のこの傾向は、その多くが「ホストに貢ぐ金を作るため」である。

男性向けの、たとえば銀座のクラブなどはお金を持っている男性しか行くことができない。しかしホストクラブはツケがきく。女性にお金がないと知りながら接客し、ツケを承諾する。その後、客本人から金を取れないとわかれば売春を迫るホストもいる。

ホストの偽の愛を得るために、ごく普通の家庭で育てられたお嬢さんも、スマホを片手に夜な夜な立ちんぼしてＳＮＳで相手を募っているのだ。ホストによる巧みなマインドコントロールの手にかかった結果、やがて生活も未来も闇へまっしぐらに落ちていく。無論、怖い思いも沢山している事であろう。またそういう女性たちを、小金を持った中年男性たちが新宿へいそいそと出かけ、買春しているのだ。

また、日本国内がこれだけ賃金が下がり所得が低くなってくると、これまでのように海外から日本に来て稼ごうとする人にとって、もはや旨みがない。もっと稼げる別の国へ行こうと考えるのが当然だ。その結果、日本国内にいる外国人の質が低くなる。今後ますます犯罪は増えるだろう。日本じゅうが危ない。東京などは早晩、女性が夜道を一人では歩けなくなるだろう。

田舎だからといって安心はできない。田舎の住宅地での殺人事件も増えている。親殺し子殺しも多い。何かに行き詰まった結果、命を断つ、という結論を導き出す人が激増してしまった。

これは一部の場所や一部の人間に限った話ではない。日本全体が病んできている。そして今、日本に生きるすべての人に危険が降りかかっているのである。

究極の孤独列島、日本。

人はなぜこれほど簡単にマインドコントロールに落ちるようになるのであろうか。理由には、「孤独」がある。孤独を埋めたいと思う心が、よりすがる所を求め、その欲求を巧みに利用されてしまう。

今、日本は究極の孤独列島である。

世界保健機構（ＷＨＯ）によると、うつ病患者は２０２３年時点で世界で推計2億８千万人に達している。うつ病患者数の割合は全世界人口の約４％に該当しているといい、日本国内も同比率である。

２０１７年にＷＨＯが発表したうつ病などの精神疾患についての報告書によると、地域別分布図ではアジア・太平洋地域が世界全体の約４８％を占める結果になった。次いで、アメリカ地域が約１５％、欧州地域が約１２％となっている。

アジア・太平洋地域の中の割合は、最も多いのが中国で約５４８２万人、第2位が日本で５０６万人。数は大きく開いているが、いずれも人口比率は４％と同等である。3位はフィリピンで約３３０万人と続く。

アジア・太平洋地域におけるうつ病患者数

順位	国名	患者数
１位	中国	約 5,482 万人（人口比率 4%）
２位	**日本**	**約 506 万人（人口比率 4%）**
３位	フィリピン	約 330 万人

参考：WHO, "Depressive disorder (depression)"
WHO, Depression and other common mental disorders: global health estimates, 2017

いっぽう、人口比率で見ると世界的に高いのが、ウクライナ、エストニア、アメリカ、ブラジル、オーストラリア、ギリシャ、ポルトガルなどで、いずれも人口比率６％となっている。

日本人のうつ病患者人口比率がこれらの国より低いことの理由のひとつには、精神疾患を隠し、通院せず我慢する国民性や社会性があるのではないかと考えられている。

数字に現れる状況だけでも充分深刻だが、さらにそれを上回り、隠れて苦しんでいる日本人が多く存在するということなのである。

ほほ笑みうつ病

心の正体とは、わかりにくいものである。人間の心の中には、良い心もあれば悪い心もある。良い心の中にもズルい心があり、ズルい心の中にも良い心があるものである。

「ほほ笑みうつ病」という言葉があるのをご存知だろうか。

落ち込んだり、憂鬱な気持ちが継続するなど、うつ病の症状を抱えているにも関わらず、人と会う時は笑顔を見せ、明るく振る舞う状態のことを指す。真面目な人や、完璧主義な人、他人への心遣いが強い人などがこうした症状になりやすい。これは周囲を見回してみても、日本には驚きの数の「ほほ笑みうつ病」患者が存在していると実感できるだろう。まさに「幸せそうで不幸な人」である。

本当に幸福な人は、幸福になりたいとは思わない。不幸だから幸福になりたいと願うのである。幸せになりたい人は、カラ元気を出す。自分はこんなもんじゃない、もっとこうなりたいと、根っこができていないのに楽しいことばかり追いかける。そのうち、燃え尽きる。

心が壊れている日本人が、今いかに多いことであろう。そしてそれは、自殺者数の増加という形で如実に現れてきているのである。

自殺者数の真実

２０２３年の日本の自殺者数は2万１８３７人（警察庁・厚生労働省発表）。うち５１３人が小中学生というショッキングな発表がなされた。日本人の１０歳～３９歳の死亡原因の第1位が自殺である。国際的にみても、１５歳～３４歳の死亡原因の1位が自殺なのは、Ｇ７の中でも日本だけである。

また、男性の自殺者は、女性の２・１倍に達するという。そして、自殺の理由の第1位が「うつ病」である。

この数字だけでも深刻な事態だと思うが、日本の現状に照らし合わせるならば、私はこの2万１８３７人という数字は少なすぎるのではないかと考えている。

まず、自殺者より遥かに多い「自殺未遂者」がいると推計できる。

これには、総務省消防庁が毎年発表する「救急車の出動件数」が参考になる。２０２３年の救急出動件数は前年に比べて５・６％増の７６４万件、搬送した数は前年比７・６％増の６６４万人に達し、どちらも過去最高を更新した。

また、この中で「自損行為による救急出動数」は、6万4161件にも及ぶ。全体の0・8%を占める。明らかな自損行為とは認められない、もしくは救急車を呼ばない、といったケースはこの数には含まれていない。第一、「遺書」がなければ自殺とは判定されないのである。

この事だけでも、発表された自殺者数の陰には、その何倍もの自殺者がいると考えられるのである。

また、「不審死」とされる場合も、自殺者数にはカウントされていない。

警察庁の2021年のデータによると、年間死亡者数144万人のうち、病院以外で亡くなった人など警察が取り扱う遺体は、20年間で4割も増加し、約17万体となった。一方で実際に解剖を実施した件数はこの10年減少を辿り、全体の1割にとどまっているという。原因を突き止めていないまま「不審死」となっている遺体数がこれほどあるのだ。

これらの事から、実際の自殺者数は、2023年の2万1837人の何倍にも達しているだろうというのが、私の考えである。

そして自殺死因の1位である「うつ病」がこれほど増加していることや、数字には現れない「ほほ笑みうつ病」が蔓延していることを総合的に考えると、日本はとてつもない孤独と死に苛まれている事が明らかになってくる。発表される数字はともあれ、自殺者はこれからも増え続けるに違いない。

究極の二極化時代とは、経済格差や教育格差だけを指すのではない。もはや、マインドコントロールに晒され、搾取され、心を病み、命を自ら断つか犯罪によって奪われる側になるか、そうならないかの二極化なのである。日本はもうそこまで来ている。

この時代を乗り越えていっていただくために、私は本書を著した。

対策はただ一つ、自らの「脳」を知り、自らでコントロールすることである。そして、本章でお伝えしたいことの第一はまず

脳は「錯覚する臓器である」

ということである。

脳は錯覚を生み出す臓器

脳は人間が持つ素晴らしいスーパーコンピューターである。そして今、はっきり申し上げる。脳は、人間の錯覚を生み出す臓器である。もっと言うと、脳は錯覚しか生み出さない。ということは、

あなたの考えは、錯覚である。

そう言われて抵抗を感じるだろうか？　では次のページの絵を見てほしい。何が見えるであろう。あなたの脳は大丈夫か。

これらは「錯視」という目の錯覚を利用したアートの数々である。渦巻きが動いて見えたり、立体に見えたりするはずである。また、刀を持つ女性が侍のシルエットを作っていることはお分かりだろうか。

脳は積極的に錯覚を取りに行く。それを巧みに利用したものが前述の詐欺の手法の数々である。

たとえば、あなたは「金縛り」に会ったことがあるだろうか。寝ていて急に身体が動かなくなる。何者かが馬乗りになったような感覚や、窒息感で恐怖を感じる。それが金縛りである。そんなあなたに悪徳霊能者は「霊がついています」と言うだろう。そして高額なお祓い料を要求される。壺を買わされるかもしれない。金縛りでなくとも、そのような誘いに乗ってしまったことはないだろうか。

しかし、考えてもみてほしい。街を歩いていていきなり身体が動かなくなったのなら、それは本当に霊がついているかもしれない。だが、寝ている時に身体が動かなくなるのは、実はすでに生理学的に説明がついている。金縛りは「睡眠麻痺」と呼ばれる状態である。

睡眠にはノンレム睡眠とレム睡眠がある。ノンレム睡眠は通常の眠りであり、レム睡眠は夢を見ている時の眠りだと考えるのがわかりやすい。筋肉の緊張が完全に弛緩しており、身体は麻痺している状態である。しかし、脳はむしろ活動的で、眼球も活発に動いており、脈拍や心拍数も増加している。

通常は、入眠してノンレム睡眠となり、60～1120分後にレム睡眠に移行し、そのターンを繰り返すのだが、これが何らかの影響でレム睡眠から眠りが始まった時に金縛りが起こることが多い。

これの逆が「寝ぼけ」である。ノンレム睡眠中は意識中枢に血流が悪く、意識がはっきりしない状態だが、この時に身体が動いて目を開けたり、言葉を発したりするものである。

それでも人は「霊がついている」ことを信じる。それが脳の錯覚なのである。

脳をコントロールせよ

脳は錯覚する。非常に端的な言い方をすると、その特徴的な機能を活用したものが、私が開発し指導してきたＳＢＴ（スーパーブレイントレーニング）である。

１９７０年代より私が研究を重ね「ＳＢＴ」として確立させた。大脳生理学と心理学に基づく、他の追随を許さないメンタルトレーニング手法である。

様々なスポーツ競技の一流選手やチームの指導にあたり、オリンピック、世界選手権、プロリーグ、甲子園などで数々の実績を出してきた。十数年前に私自身は引退し、現在は長男の西田一見を代表に、全国で数百名のＳＢＴ１級コーチが指導者として活躍している。今やアスリートのみならず、ビジネスや教育の世界でも圧倒的な成果を上げている。

昨今の一例を挙げれば、現在はドジャースで活躍する大谷翔平選手は、花巻東高校時代に私どもが指導にあたった。彼が２０２３年のＷＢＣ決勝のアメリカ戦の前にチームメイトに対して言った言葉、

「憧れるのをやめましょう」

あれはまさに、ＳＢＴで指導する考え方の一つである。対戦相手に自分達が憧れてやまなかったメジャーリーガーが数多くいる。けれど、憧れてしまったら彼らを超えることはできない。トップを獲りにきたのだから、今日は憧れを捨てて勝つことだけを考える。それが、ＮＯ・１を獲るメンタリティなのだ。

人間の脳の仕組みは天才も一般人も同じに機能している。にもかかわらず、現実には人によって能力や結果に大きな差が生まれている。それは何故なのかといえば、「思考の差」なのである。脳が何を考え、どう思うか、だけの違いである。だが重大な違いなのだ。

この思考をコントロールする力を身につけることで、誰もが驚異的なメンタリティを獲得することが可能である。つまり、「錯覚する臓器」としての脳の機能を最大限に利用しているのが、「ＳＢＴ」なのである。

さらに詳しく知りたい方への推薦書籍
『ＮＯ・１理論』西田文郎著／現代書林
『強運の法則』西田文郎著／日本経営合理化協会
『人望の法則』西田文郎著／日本経営合理化協会

5大「錯覚要素」＝仕事・恋愛・結婚・宗教・人生

誰にも等しく、人生は1回である。ここまでの人生を振り返って、あなたの人生は正しかったただろうか？

あなたの考えは錯覚である、と申し上げた。人生における錯覚の要素は大きく分けると5つある。

仕事・恋愛・結婚・宗教・人生

である。
人生の中でおそらく最も重要であろうというこの５つの要素がすべて錯覚だとしたら？
もう一度問う。あなたの人生は正しかっただろうか？

非常に興味深い問いかけに違いない。しかし私は、別にこれまでのあなたの人生の選択を不安にさせるためにこの話をしているわけではない。究極の二極化時代を生き抜くために、そして、人類が初めて直面する人工知能時代を生き抜くために、我々は新しい人生の戦略を持つ必要がある。

そのために、脳の錯覚を知り、錯覚が何をもたらしてきたのかを正しく知ることによって、錯覚を起こす脳をコントロールする側に立つ方向性を示したいのである。それがなのである。

『錯覚の法則』

「錯覚の法則」についてこれから詳しく述べるが、その中でも最も重要なものがである。
『憶聴』

憶聴とは、私の五十年の脳研究の中で「意識ではどうにもできない脳の領域」があることに着目し、それを『憶聴』と名付けた、私の造語である。

憶聴は、一言で言うなら「心と魂の大元」である。憶聴については第6章で詳しく述べるとするが、「錯覚の法則」の中でも非常に重要な役割を果たしているので、まずはこの『憶聴』という用語に親しんでおいていただきたい。

「意識ではどうにもできない脳の領域」とは、どういうことか。

たとえば、「生きるか死ぬかの大ピンチの時に、亡き母の声が確かに聞こえた」という人がいる。幻聴や幻覚とは違う、確かに聞こえたと感じる『天の声』だ。

あるいは、会ったことのない人が夢に現れた経験はないだろうか。なぜ知らない人が夢に出てくるのか不思議に思うであろう。

これらは、意識の脳では記憶していないが、生まれてから今日までの記憶データを蓄積している「憶聴野」ともいうべき場所があることを意味する。そして、新しいことにチャレンジして新しい記憶が入ってくると、それがバイパスとなってシナプスと結びつき、脳が記憶を作っていく。本人の意識には関係なくである。

聴こえるはずのない声が聴こえる、記憶には全くないはずのものが見える。そういった、科学では説明がつかないとされる「心と魂の領域」が憶聴である。眠っている間に脳は、勝手に物語を作っている。全部錯覚なのだ。しかし人間の脳は「これは錯覚ではない」と思う。それが人間の脳なのだ。

恋愛とドーパミン理論

また、恋愛や結婚にまつわる「愛」や「恋」こそ、錯覚の際たるものである。「この人しかいない！」と恋に落ち、他人と結婚するとはまさに恐ろしい錯覚である。しかし、この錯覚が人類を繁殖させてきたのだ。今日まで命を繋いで来たのである。

そして、現代人は（特に女性が）この錯覚から覚めてきているのではないかと思う。第4章では、生物学的見地から人類の進化と命について述べていく。

近年、脳から分泌されるホルモンである「ドーパミン」が一般的にも広く知られるようになった。ドーパミンは快楽物質とも呼ばれ、楽しい経験や、目標を達成したり、褒められた時などに分泌される。或る行為によってドーパミンが放出されると、脳がその快楽を学習しているので再びやる気が出る。その特徴を使って目標達成をしようというのが、いわゆる「ドーパミン理論」である。

人間の脳がいつ現在のような進化を遂げたのか。それは今から７００万年以上前、人間の祖先が木から降りてきて二足歩行になった時にさかのぼる。

木の上で暮らす人間の祖先は、現代のサルとほとんど変わらない脳であった。しかし、木から降りて二足歩行になり、両手が空いた。そこから非常に賢くなった。具体的にいうと、人間が火を使うようになった２００万年前までの５００万年の間に、人間の脳は完璧に出来上がったと考えられる。

ここで人間の脳の進化について詳しく論じるのが本書の役割ではない。そこで今は、注目されているドーパミンを例にとって説明する。

木から降りたことで、人間は獲物を獲得しなければならなくなった。狙った獲物を捕らえた時や、罠を仕掛けて成功した時に「やった！」と達成感を感じ喜ぶ。それがドーパミン放出の始まりである。

それからかなり後になって、農耕民族が出現した。彼らは種を植えて長い期間育てることを覚えた。それを収穫し食べる喜びはあるかもしれないが、ドーパミン放出力としては今ひとつ弱いはずである。

やはり、７００万年前に木から降りて獲物を捕らえた快楽こそが、原点なのである。その快楽を人間は求める。

恋愛が良い例だ。好きな異性を獲得するために、自分をよく見せ、追いかけ、時に略奪してでも得ようとする。まさにドーパミンの力である。そうした人間の性質の一面であるドーパミン理論を活用した、目標達成のためのセミナーや講座が今ブームとも言える。そして、中にはその理論を悪用したマインドコントロールも存在するのである。

マインドコントロールは現代に合わせて登場したのではない。むしろ、人類の祖先の脳の成り立ちに端を発していると知ることだ。それを理解することで、脳のコントロールがどのように行われているかを知る鍵となる。

「文字の発明」とダンバー数

それから人間がさらに賢くなった後に、宗教が誕生した。どのような宗教であれ、神を敬うと同時に、神を畏れる教えがある。畏れは恐れとなる。そのほうが人をコントロールしやすい。宗教にも、人の脳の錯覚を巧みに使った歴史がある。

『ダンバー数』と呼ばれる理論がある。１９９０年代に、英国の人類学者ロビン・ダンバーが提唱した。人が人間関係を結びあうコミュニティの人数上限を示したものだ。これによると、

「人間が意味のある人間関係を結べるのは、１５０人が上限である」

という。詳細は次ページの図表を参照されたい。

人間の祖先に近い、サル達のサル山に行ってみると、サルは大体６０匹ぐらいの分団を作って暮らしている。人間の共同体は１５０人であるから、サルより大きな数をまとめられるほ

ダンバー数＝人間が親密な関係を築ける人数の尺度

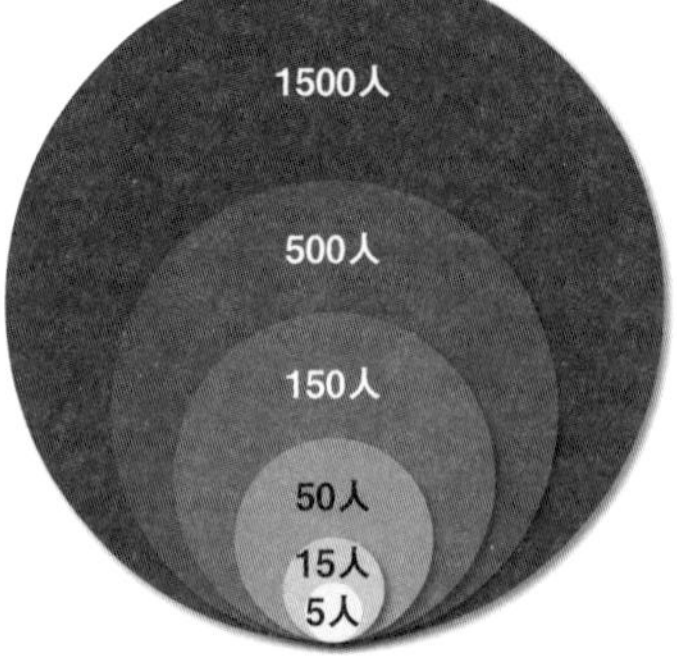

5〜9人＝「社会集団（クリーク）」
最も親しい友人やパートナーの数

12〜15人＝「シンパシー・グループ」
どんな状況でも心から信頼できる人の数

30〜50人＝「一団（バンド）」
危険な国を安全に往来できる小さな団体

150人＝「フレンドシップ・グループ」
共同体で一緒に暮らすのに最適な人数←ダンバー数と呼ばれる

500人＝「部族・種族（トライブ）」
出会うと会釈する程度の顔見知りの人数

1500人＝「共同体（コミュニティ）」
人間の長期記憶の情報数の限界、頭の中で名前と顔が一致する人数

Dunbar R: “How Many Friends Does One Person Need?” , Faber and Faber(2010)
ロビン・ダンバー、藤井留美（訳）：“友達の数は何人？―ダンバー数と繋がりの進化心理学” インターシフト（2011）

どには賢い。しかし、60匹をまとめるサルもなかなか優秀な脳を持っているのである。

昨今はこのダンバー数に異論を唱える説も登場している。たしかにSNSがこれほど発達した世の中をダンバーは30年前に予想していなかったであろう。しかし、ダンバーは人間の大脳新皮質のサイズからこの数字を算出したとして、自身の研究を擁護している。

私が注目したいのは、ダンバー数が人間の脳の性質による限界数であ

るならば、それを越えたのが「文字の発明」であるということだ。

それまでの人間社会における宗教の原型は、１５０人の共同体の中で、口伝えで自らの説を唱えてきたであろう。その共同体の中で自分たちが考える神を敬い、その神を畏れてきた。そこに文字が登場し、それぞれの宗教は「経典」を作った。

経典が、ダンバー数を超えたのである。

言葉を選ばずに言えば、宗教とはある種の洗脳である。経典が誕生したために、洗脳できる人数がダンバー数を大きく超えた。洗脳できる地域や民族も世界じゅうに拡大した。

人類は文字を発明したことにより、脳を錯覚でコントロールできる力を飛躍的に増大させたのである。

最強の人間関係を築けているか

このように、人類が二足歩行を始めてから火を使い、文字を発明するようになるまでを紐解くことで、脳がどのようにして錯覚の臓器として発達してきたのかを知ることができる。

貴方を心底から大切に思ってくれる人

【社会的ネットワーク指数】＝バークマン（アメリカ）
あなたはどれだけ深くて良い人間関係を持っているか

【社会的ネットワーク指数】
① 貴方の為に一肌も二肌も脱いでくれる人
② 自分の家族で、貴方の為ならと思ってくれる人
③ 自分の友人で、貴方の為ならと思ってくれる人
④ 自分の知人で、貴方の為ならと思ってくれる人
⑤ 自分の仕事で、貴方の為ならと思ってくれる人
⑥ 貴方の仕事で、貴方を応援してくれる人
⑦ 貴方の仕事で、貴方を認めてくれる人

次章はいよいよ『錯覚の法則』について詳しく解説していく。重ねてお伝えするが、私がなぜ今この法則を公開するかというと、究極の二極化時代をあなたに生き延びてもらうためである。

まず具体的には、この人工知能の時代に対応する新しい戦略を考えなくてはならない。生きていくという意味での新しい戦略である。

もう一つは、ビジネスの新しい戦略である。確実に言えることは、今までとは違う新しいものを生み出さなくてはならないということだ。いま成功しているものさえも、すぐに失われてしまうからだ。しかも物凄いスピードでそれらは起こる。

それに対応する力の基礎となるのが、この『錯覚の法則』である。人間の脳の中で錯覚がどの

社会的ネットワーク指数＝愛の強さ

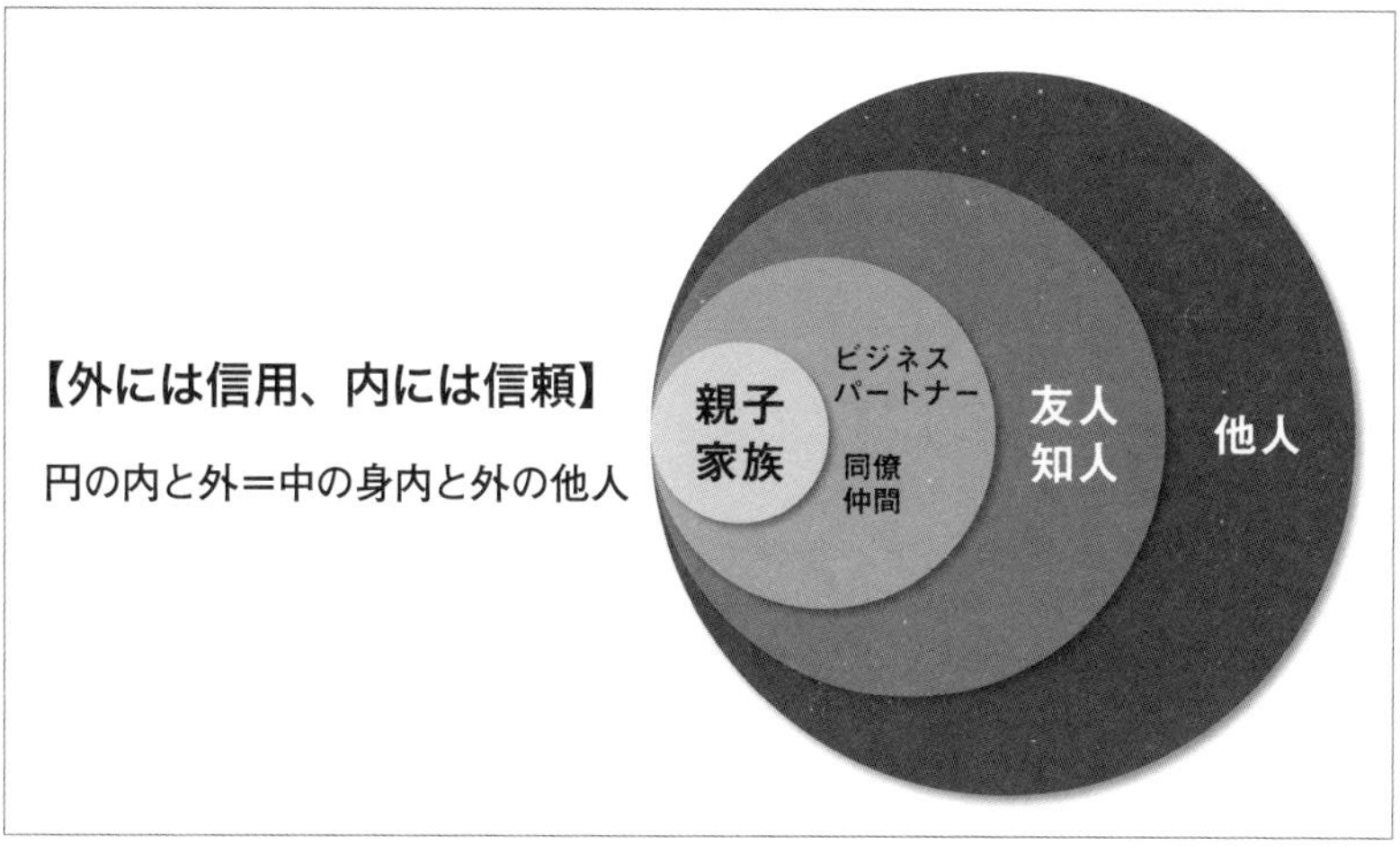

ように行われているかを知ることは、自身の身を守る術にもなれば、新たなビジネスを生み出すヒントともなる。

また、ここで今一度、自分を取り巻く人間関係について考えてみて欲しい。

アメリカの社会学者バークマンが提唱した「社会的ネットワーク指数」を紹介する。①から⑦の順に「深くて良い人間関係」を持っているということができる。また、円型のイラストでは、円の内側にあるほど「信頼」が強く、外へ行くほど「信用」がものを言う人間関係となる。

つまり、円の内と外は「中の身内と、外の他人」という関係性にあるのだ。

日本が究極の孤独列島への道を突き進んでいる今、大切なのは、自分に近いところに最強の人間関係を築いておくことである。社会的ネットワーク指数は「愛の強さ」と言い換えることもできる。

すべては脳にあり。

あなたの脳は、果たして大丈夫であろうか。

第2章

錯覚の法則

錯覚の法則では、大きく分けて以下の5つの錯覚があるとしている。

聴覚の錯覚

視覚の錯覚

思考の錯覚

魂の錯覚

憶聴の錯覚

このいずれか、あるいは複数によって、人の脳は錯覚を起こす。この5項目の錯覚の法則について、順を追って詳しく解説していく。

聴覚の錯覚

■幻聴の種類

聴覚の錯覚といえば、幻聴である。聴こえるはずのない音が聴こえるというものだ。耳の錯覚なので病的な場合も多いのだが、幻聴は次の3種類に分類される。

［要素性幻聴］

［複雑性幻聴］

［言語性幻聴］

言語ではない音が聴こえる幻聴が、［要素性幻聴］［複雑性幻聴］である。たとえば、ベルが鳴るように同じ音が一律で聴こえる幻聴が［要素性幻聴］であり、音楽のようにいくつかの音が混ざって聴こえる幻聴を［複雑性幻聴］という。

音楽家がよく、ピアノなどの楽器がないのに頭の中で音楽が流れている、という。その場合は、前述の「憶聴」が記憶をつくり錯覚を起こしていると考えられる。

一方、話し声などの言語が聴こえる幻聴が［言語性幻聴］である。［言語性幻聴］はさらに3つのパターンに分類される。

①**対話性**……複数人の会話や、話しかけられる声が聴こえる。
②**注釈性**……自分の言動を細かく解説する内容の声が聴こえる。
③**命令性**……自分に対して侮辱や命令をする様な声が聴こえる。

対話性幻聴の例は、よく電車の中で見かけることがあるのではないだろうか。一人でいても、誰かと会話しているかのように色々と喋っている人である。本人にとっては、誰かが話しかけてきていて、それに応対しているように錯覚しているのである。

注釈性幻聴は、自分の行動をまるで実況中継の様に解説したり、思考内容を事細かに説明する声が聴こえるものである。もう一人の自分が話しかけているような錯覚に陥る。

命令性幻聴は、誰か第3者に声をかけられていると思うものだ。おーい、と呼ぶ声もあれば、威嚇するような恐ろしい声の場合もある。

■脳の仕組み

これらが聴覚の錯覚である。では、脳はどのような仕組みになっているのだろうか。

脳はこのように、3層構造になっている。

①**脳幹**……反射脳、ホルモン分泌

②**大脳辺縁系**……感情脳、喜怒哀楽

③ **大脳新皮質**……知性脳　右脳・左脳

■**脳は瞬時に３層全体が反応する**

脳幹は、生命維持のための反射的な現象を司る部分である。２歳までに完成するとされる。意思は関係なく、呼吸・血圧・体温調節・ホルモン分泌などを担う。また、快・不快、疲労、飢え、攻撃、不安、性欲などの生命維持に必要な感覚は脳幹に依存している。

大脳辺縁系は、感情を司る。２歳から１０歳までに発達する。愛情、喜び、怒り、嫌悪などを感じる部分である。また、「他者」を認識し、共感や社会的なつながりを形成できるのも大脳辺縁系である。過去や未来の認識力や、記憶能

脳は瞬時に三層全体反応 !!

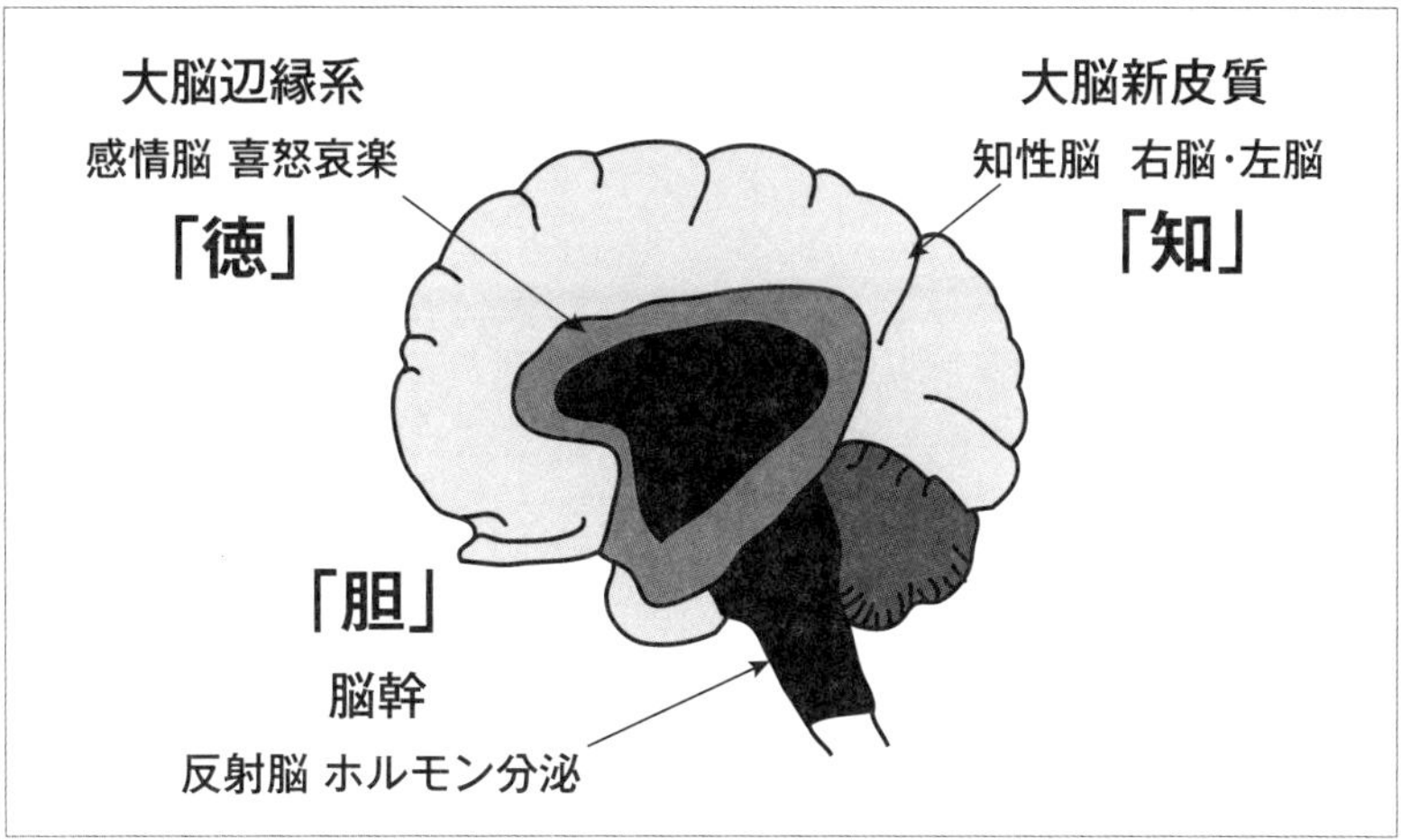

力も有する。

大脳新皮質は、一番外側を覆う部分である。男性では10歳から29歳、女性では10歳から21歳にかけて発達する。言語や、想像、抽象的な思考、倫理観、将来計画など、その人の知性を司るのが大脳新皮質である。つまり、人間の文化発展はこの部分によるものだ。

人間の脳は、脳幹→大脳辺縁系→大脳新皮質の順に発達する。これは人類の進化過程とも重なる。そして、3層それぞれが違う役割を持っているのである。

脳は、外部からの情報を与えられると、この3層それぞれの役割において瞬時に同時に反応する。

そして、大脳新皮質の中は、「右脳」と「左脳」に

右脳と左脳は連動する

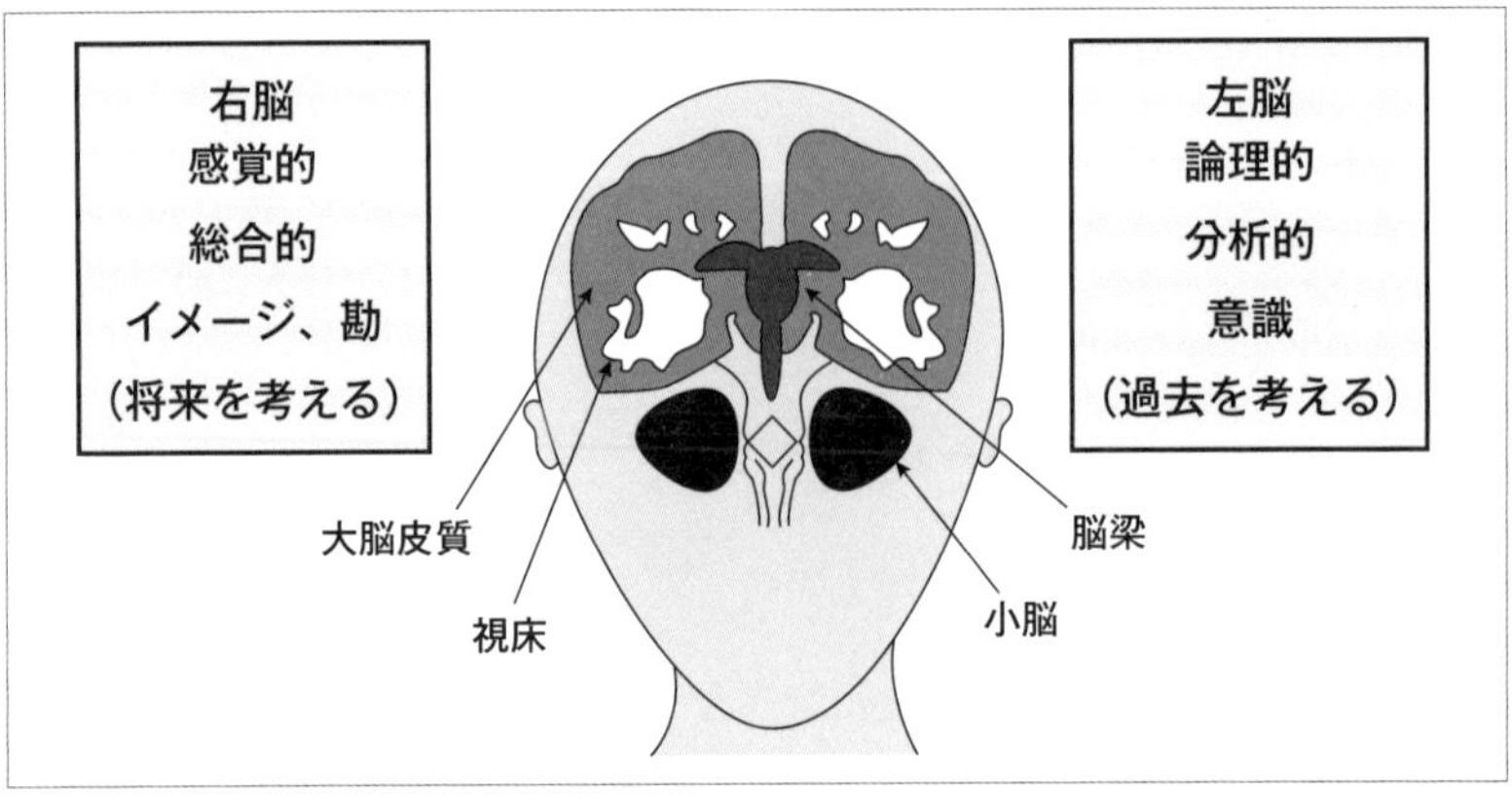

分かれている。

右脳と左脳は連動している。それぞれの役割で思考する。左脳は、論理的や分析的に意識をする「過去を考える」脳である。そして右脳は、感覚的で総合的で、イメージや勘といった部分を司る。いわば、「将来を考える」脳である。

人間の脳はこのような構造で、外から与えられるすべての問いかけに反応している。そして、入力と出力を繰り返し、どんどん強化されていっているのである。

人間の脳は全ての問いかけに応じる

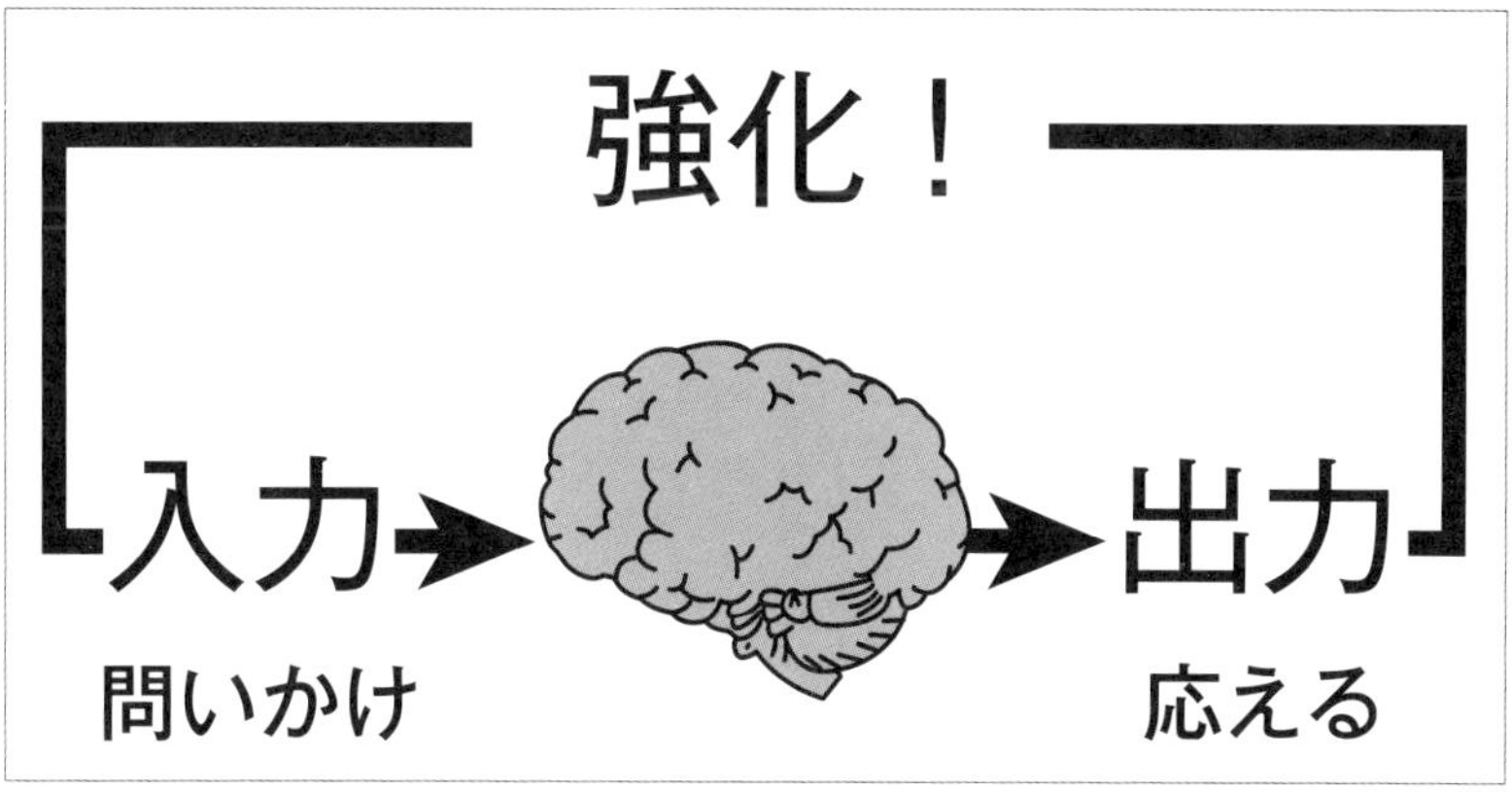

視覚の錯覚

脳の仕組みがわかったところで、続いては「視覚の錯覚」を見ていこう。これはあなた自身が錯覚を体感できるので、非常にわかりやすいであろう。

ルビンの壺

婦人と老婆

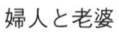

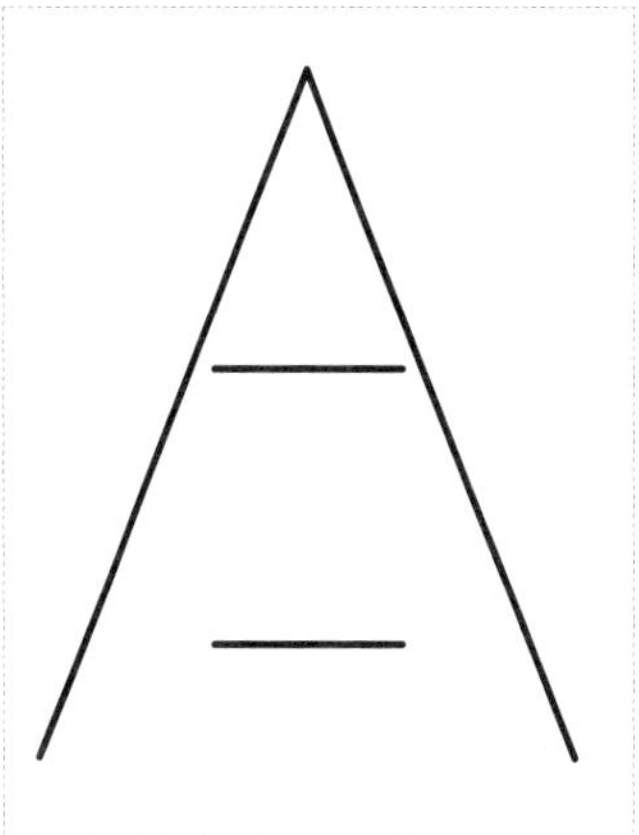

ポンゾ錯視

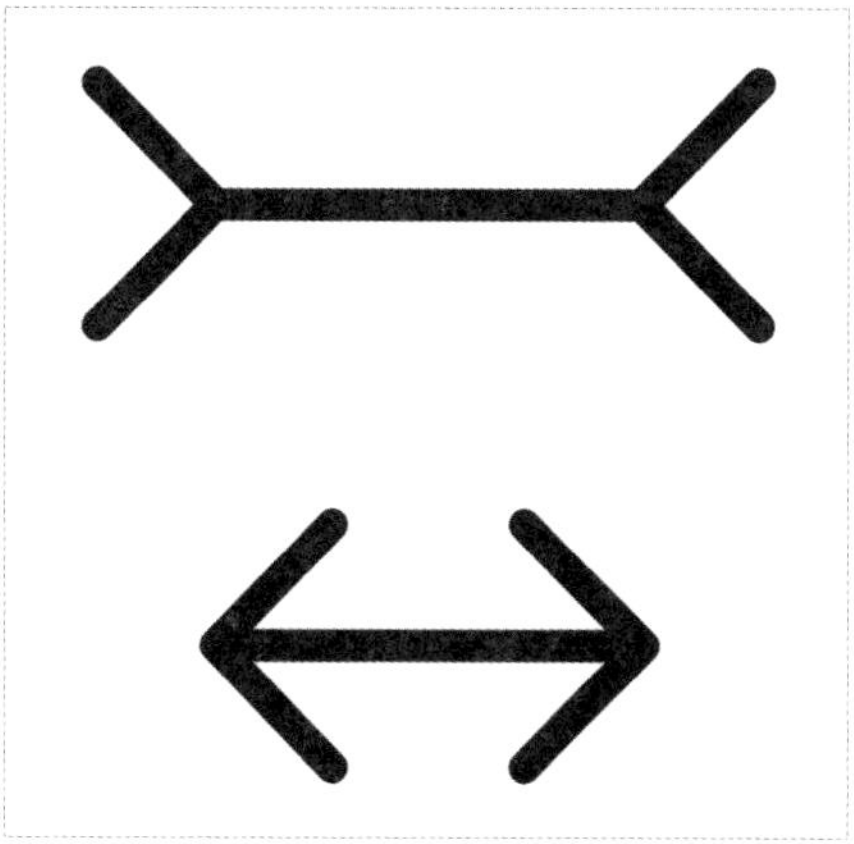

ミュラーリヤー錯視

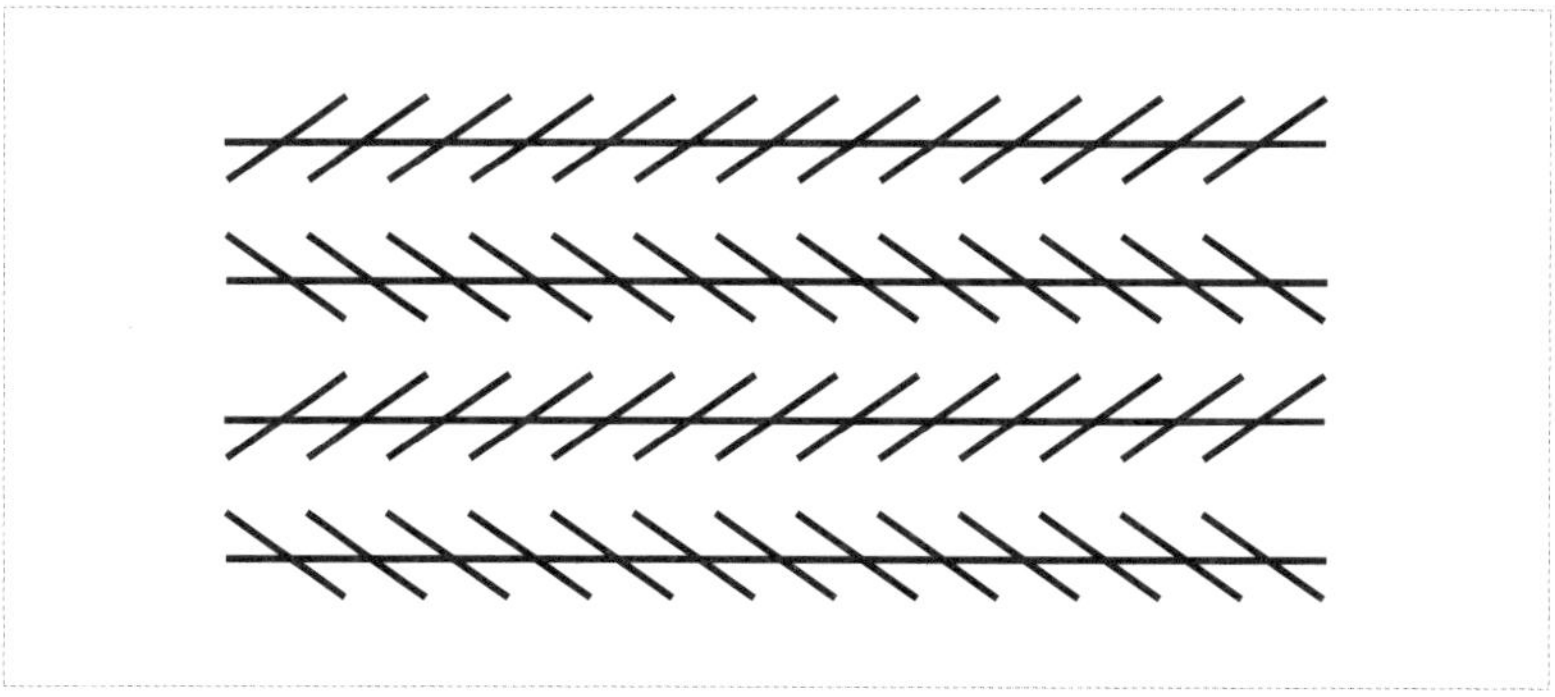

ツエルナー錯視

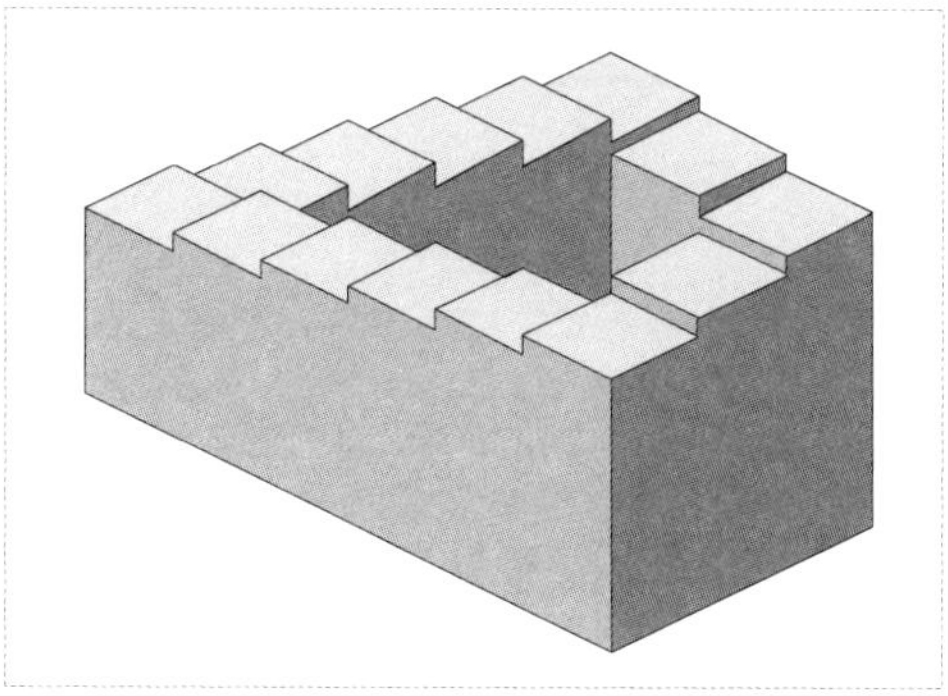

ペンローズの階段

人間の脳が、いかに簡単に錯覚を起こすか、体験できたのではないだろうか。他にも本書ではご紹介しきれないが、色の錯覚を利用しただまし絵なども数多くある。

また、自然現象に「蜃気楼」というのがある。海面近くに冷たい空気があり、その上に暖かい空気の層ができる。冷たい空気のほうが光の屈折率が少し強いため、境目のところで光がわずかに曲がる。光が曲がることによって、対岸の景色が伸び上がったり、浮き上がって見えたりするのである。

今では科学的に説明できる現象であるが、昔の人ならどう思ったであろうか。おそらく「神のしわざ」と考えたのではないだろうか。

思考の錯覚

■世の中にあふれる錯覚

錯覚の中でも一番厄介なのが「思考の錯覚」である。

聴覚や視覚の錯覚について最初に述べたのは、この「思考の錯覚の恐ろしさ」について、より理解を深めていただくための前提でもあった。

人間の記憶には、憶聴記憶というものがあると申し上げた。無意識下で膨大なデータを記憶し、物語を作っていく。それらは潜在意識と成長ホルモンの働きによるものである。その働きが認知力にバイアスをかけ、錯覚を作り出す。

人間の脳は、自分では冷静に分析をしているつもりで、都合のいいように錯覚の思考を作り出しているのである。

世の中にあふれる商品やサービスの中にも、この働きを利用し、顧客の脳を錯覚させているものが数多く存在する。

その一例をいくつか挙げてみたい。

まず、よく見かけるのはダイエット食品などで見られる「ビフォーアフター」の写真である。

これは『前後論法』と言われるものである。Ａという事象が起きた後にＢという事象が起こった

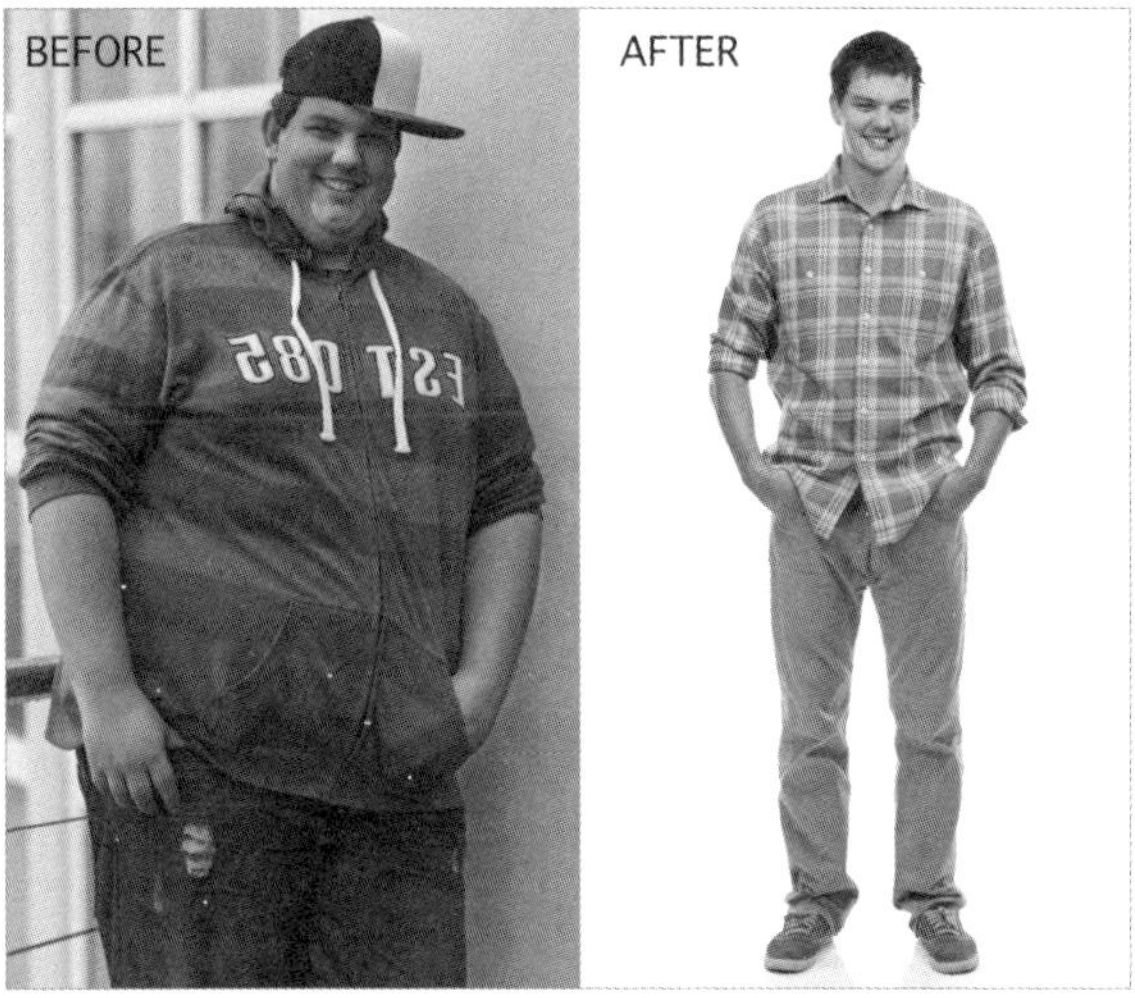

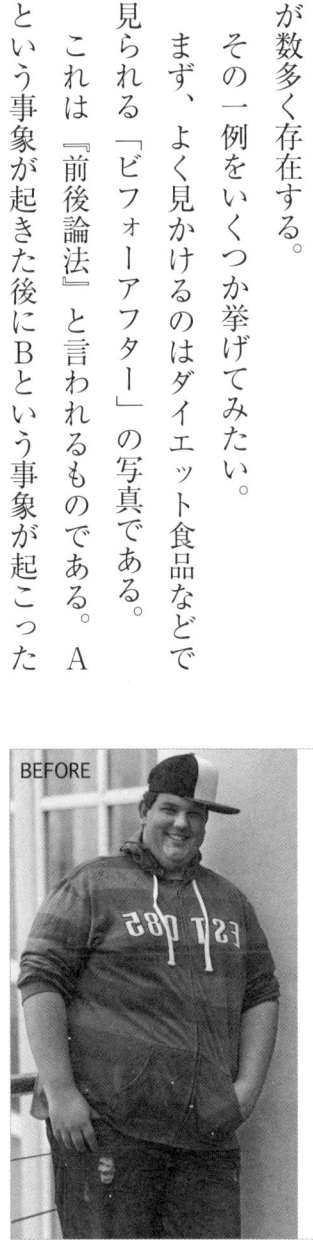

場合、AがBの原因だと誤認してしまうことを指す。

つまり、例えば前頁左のビフォー写真と、右のアフター写真があったとして、それが当該のダイエット食品の効果であるとはわからないのである。それであってもこれを見た人は「効果がある」と錯覚してしまうのである。

次にご紹介したいのは「4分割分析法」の利用である。これもよくある手法である。

ダイエットをやって効果があった、なかった。ダイエットをやらなかったのに効果があった、なかった。実はこの4分割をきちんと分析しているかというと、そうではない。

「このダイエットをやったからこの効果があった」という部分だけを注目させることにより、何

4分割分析法

例：ダイエット、エステ

	効果があった	効果がなかった
ダイエットやった	a	b
ダイエットやらない	c	d

かを買ったら良くなると錯覚を起こさせるのである。

また、「黄色い財布を持っていると金運がアップする」という誘い文句に乗って、黄色い財布を買ってしまった方はいないだろうか。

私が出会った大金持ちはだいたい黒い財布を持っている。黄色い財布は見たことがない。もっとも、一流ブランドの１００万円以上する財布で黄色の皮製を好んで持っている人はいるだろうが、それを買えるほどの大金持ちは黄色の財布の力でそうなったわけではない。

４分割分析法

例：幸運の財布、ブレスレット

	幸せ	不幸
買った	a	b
買わない	c	d

「幸せを呼ぶブレスレット」も同じである。４分割で冷静に分析しているのではない。それを買って幸せになれた、というところを強調し、あたかもそのブレスレットのおかげであ

るかのような錯覚をさせるのである。

他にも挙げればきりがない。「置き換えの錯覚」もよくある手法だ。

「この健康食品はなんと、ビタミンCがキャベツ36個分！」

「βカロテンが人参の50本分！」

それは確かに栄養価が高いのかもしれないが、「なにかの何十倍」と置き換えることによって錯覚を引き起こしている、と考えられるのである。

また「バンドワゴン効果」も生活の身近に浸透している。

本来のバンドワゴンとは、行列の先頭の楽隊車を指す。「バンドワゴンに乗る」とは、時流に乗る、多勢に乗る、勝ち馬に乗ることを意味する。たとえば選挙の時に、予測報道で優

バンドワゴン効果

勢と伝えられた候補に投票が集まりがちになることを「バンドワゴン効果」と呼ぶ。

この心理を利用したものが「行列」である。

ひと昔前によく行われていたのは、ラーメン屋などがオープンする際にバイトを雇って10人ぐらいの行列を作らせるやり方だ。あんなに行列が出来ているのはきっと美味しいに違いないと、バンドワゴン効果で人はその後ろについてしまうのだ。現代は、ＳＮＳをうまく使ったバンドワゴン効果が至る所で行われている。

■ＮＯ・１効果と「要の法則」

そして、私は経営者の皆さんに再三にわたり「なにかのＮＯ・１になること」の重要性を伝えてきた。この「ＮＯ・１効果」も、実は思考の錯覚を引き出すものである。

ＮＯ・１であることは、最強の魅力となる。

たとえば、日本で一番高い山はどこかと聞かれたら、誰もが富士山と答えられるであろう。日本で一番大きい湖は？　琵琶湖と答えられる人が大多数に違いない。

では２番目は？　３番目は？　と聞かれて即答できるであろうか。

ちなみに2番目に高い山は北岳（山梨県）、3番目は奥穂高岳（長野県と岐阜県境）、2番目の湖は霞ヶ浦（茨城県）、3番目はサロマ湖（北海道）である。

ここでお伝えしたいのは、NO・1の威力がいかに凄いかということである。圧倒的な認知度である。人は皆、NO・1に無条件に惹かれるのだ。

私のもとで経営の勉強をしてこられた方なら誰でも、『要の法則』についてお聞きになられたことがあると思う。『要の法則』とは、扇の要のように重要な、たった一つの商品・サービス・状態を作れという、経営者のための成功法則である。

たとえば、商品のNO・1、圧倒的な人気を誇る商品を作ることである。数ある自社商品の中でもトップの売

要の法則（商品）

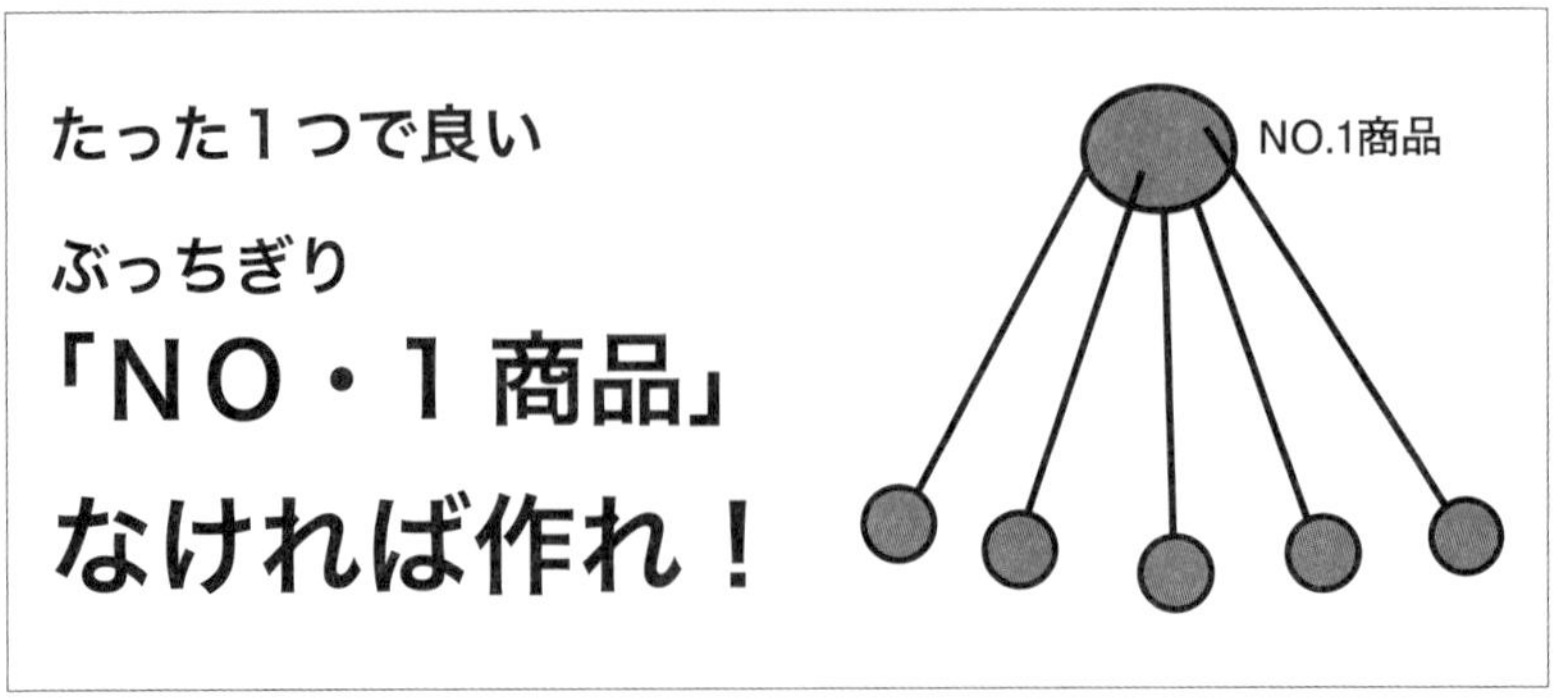

上個数、または売上金額を持つものを作り育て、そこから扇のように他の商品サービスを展開していくという考え方だ。

たった一つでいい。ぶっちぎりは何か。なければ今すぐ作るべきである。


２つ目の要の法則は、「ＮＯ・１シェアを目指せ」というものである。

右の指標は、アメリカの数学者Ｂ・Ｏ・クープマンが「ランチェスター戦略モデル式」を参考に導出した『クープマンの目標値』と呼ばれるものである。

真ん中の「上限目標値」であるシェア７３・９％へ到達すると、独占的・絶対安全な状態であり、上位企業として市場を独占している状態となる。

要の法則（シェア）

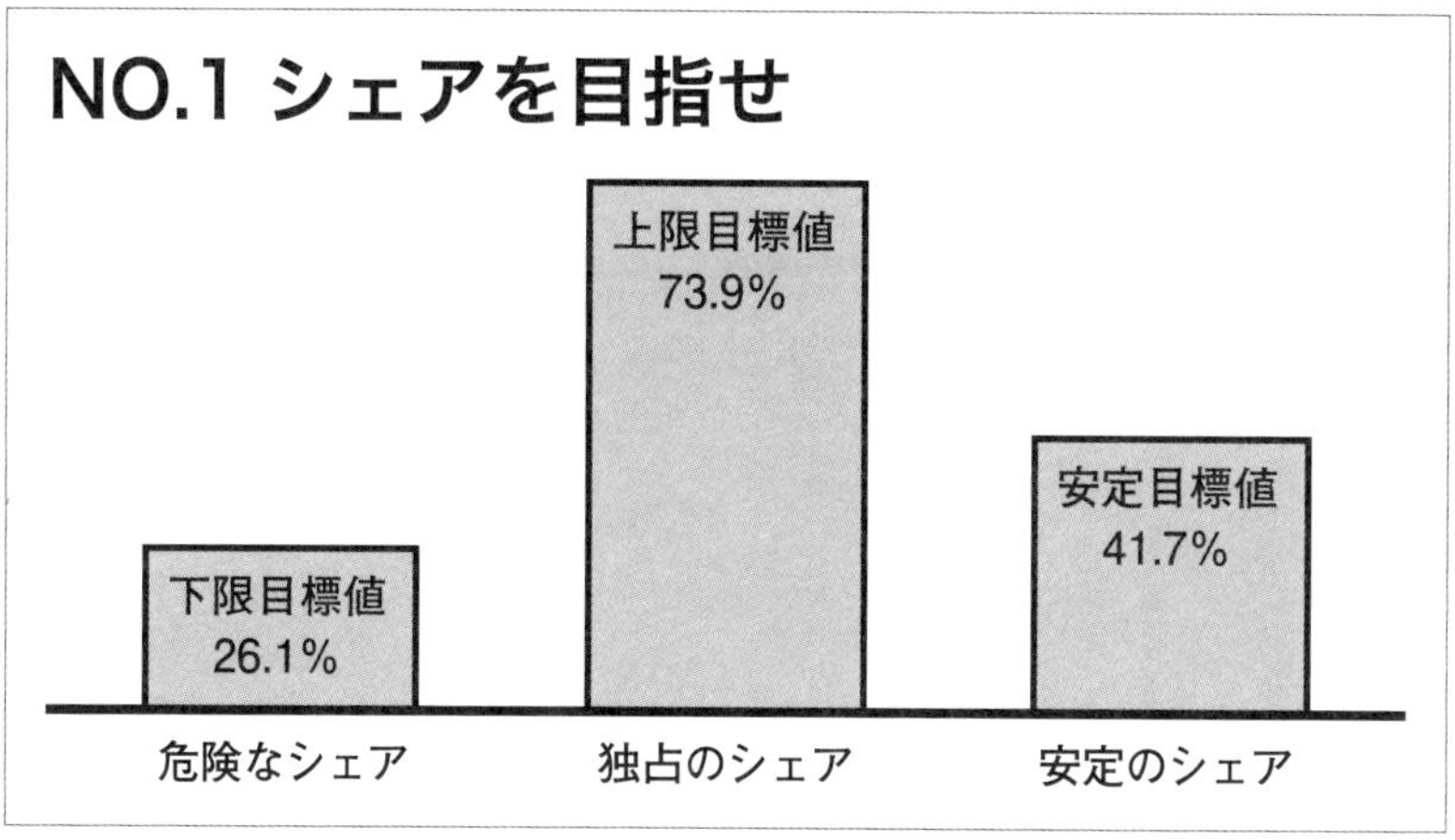

NO・1シェアとはつまり、この上限目標値を目指すということである。

右側の41・7%は、安定目標値（相対的安定シェア）と呼ばれる。

競合に対して相対的に安定な地位のシェア率という意味である。NO・1にはまだ遠いが、まずはこの安定のシェアに達したいものである。

そして、左側の下限目標値（市場影響シェア）26・1%は、強者でいるための最低ラインであり、安定と不安定の境目の数値とされる。最初はまずここを超えることである。この下限目標値を超えると、競争状態から一歩抜け出した状態になるとされ、自社の動きに他社が追随するような動きが見られるなど「市場に影響を与える立場」になる。

NO・1シェアを取るには以上のようなステップがある。ぜひあなたの会社の商品サービスも上限目標値に届くシェア率を実現していただきたい。

また私は、これまで数々の著書や講演会の中で
「ツイてる人と付き合いなさい」
と申し上げてきた。
普通の人と付き合っていても楽しい。ただ、それは時間の消費である。

ツイてない人と付き合ったら、それはもう時間の浪費にしかならない。

ＮＯ・１を目指すならば、すべての時間は「投資」にあてるべきである。何より、ツイてる人は、そのことを知っている。だからツイてる人には、ツイてる友がいる。だから扇の要でツイてる人と付き合うのである。それがＮＯ・１と繋がり、自分がＮＯ・１になる最も効率的で効果的なやり方なのである。

ＮＯ・１商品をつくり、ＮＯ・１シェアを取り、「ＮＯ・１効果」の錯覚を最大限に活用していただきたい。

■赤信号みんなで渡れば怖くない

１９８０年代にお笑い芸人が流行させた言葉「赤信号みんなで渡れば怖くない」。ブラックなギャグであったはずが、現代ではなんと「ことわざ」として認識されて

要の法則（ツイてる人）

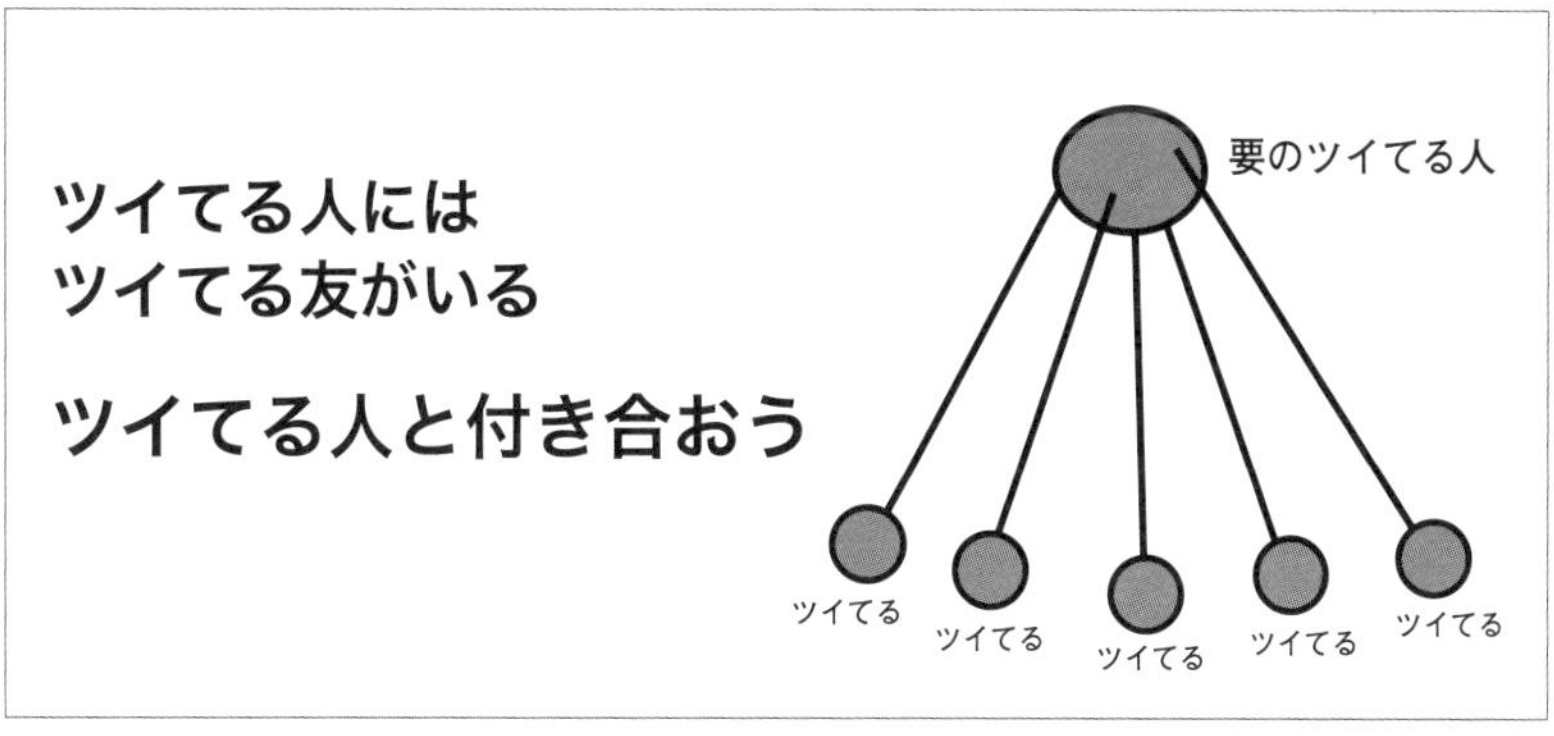

いるという。時代は変わったものである。

この言葉は、実は社会心理学における「リスキーシフト」と呼ばれる現象である。何かの判断や決断をするとき、個人であれば犯さないような間違いを、集団の中で集団思考で犯してしまう錯覚行動である。場の雰囲気に流され、より危険でリスクの高い決断をしてしまうのである。

その逆の現象もある。自分一人の思考よりも、集団だとよりリスクの低い意思決定をしてしまう現象が「コーシャスシフト」である。「リスキーシフト」と合わせて『集団極性化現象』と呼ばれる。これも集団心理における思考の錯覚である。

■不協和を解消しようとする

『認知的不協和理論』とは、自分の中に矛盾する2つの認知が生じた時に現れる不快感を表す用語である。アメリカの心理学者レオン・フェスティンガーによって提唱された。

人は、自分にとって不快な事実は認めたくない。そこに不協和が生じることがあると、自らの知識や行動、態度、信念、ものの考え方を変えてしまう。これは、不協和を正当化しようとする脳の錯覚なのである。

これらは日常生活や仕事においても頻繁に出会う錯覚である。

「この穴を覗くべからず」と言われると、覗きたくなる時がないだろうか。

タバコを吸う人は、タバコは体にそう悪くないと思おうと自分に言い聞かせていないだろうか。

これは「タバコは体に悪い」という認知と、「自分はタバコを吸っている」という認知が自分の中で不協和を起こしている状態であり、それを回避するために「タバコは体にそう悪くない」という錯覚を生み出しているのである。

他人の悪口を言ってばかりいる人も、自分を正当化しようとする時も、認知的不協和を解消しようとする行動である。

あるいは、自分が買ってしまったものを無駄だと否定された時。くだらないと言われるほど、これは良いものだと思い込もうとしたり、良い買い物をしたと言い張ったりしないだろうか。

また、同じようなものに、結婚を反対されれば反対されるほど、バカな男と一緒になってしまうという現象もある。自分がロクでもない男を選んでしまったという認知を受け入れられないのである。

カルト教団に入信してしまった人も同様である。たとえ教祖が犯罪者だということを認知したとしても、マインドコントロールされた信者がそれを否定することは自分の人生を全否定することに等しい。だから教祖を否定できないのだ。最悪の認知的不協和である。

■印象は基準により変化する

『アンカー効果』とは、心理学において、最初に与えられた情報や数字に無意識のうちに判断を歪められている認知バイアスのことを指す。まるで、海にいかり（アンカー）をおろした船のように、その最初の基準に引っ張られている様子であることから、アンカー効果と呼ばれている。

たとえば、1万円の料理を高いと思うか安いと思うかの判断において、

「5000円でも同じようなものが食べられますよ」

と言われたら、1万円はひどく高いと感じてしまうだろう。しかし、

「いつもは1万5000円ですが、今日は特別に1万円にサービスしています」

と言われたらどうであろうか。得をしたように感じるに違いない。

百貨店のショーウインドウには、高級ブランドや新作など高額な商品が並んでいることが多いのにお気づきだろうか。これは、店の入り口で「高い」という印象をつけておくことで、実際に店内に入った時に「意外と安い」と感じさせるためなのである。

アンカー効果の最たるものが「値段のつけ方」である。

単なる「１９８０円」よりも、「２９８０円→１９８０円」の方が、値引き後の価格としてより安く感じられないだろうか。

このように、日常生活の中に我々はいくらでもアンカーをおろされているのである。

■まだまだある日常的な錯覚

ここまで来ると、自分の脳がいかに日常的に錯覚を起こしているか、実感するのではないだろうか。もうあといくつか、紹介をしていこう。

『自己奉仕バイアス』という言葉がある。成功した時は自分の手柄とするが、失敗した時は他人のせいや環境のせいにしようとする人間の一般的傾向である。

また、それは「曖昧な情報を、自分にとって都合の良いように解釈しようとする」傾向であるとも言える。

たとえば、車を運転する人の多くが「自分は平均以上に運転が上手い」と思っているのも、自己奉仕バイアスである。要するに、自分のプライドを保つために、失敗や成功の原因を自分に都合よく解釈してしまっているのである。


『プロスペクト理論』というのも覚えておいていただきたい。

たとえば、あなたに、以下の2つの選択肢が提示されたとする。

選択肢A：100万円が無条件で手に入る
選択肢B：コインを投げ表が出たら200万円手に入るが、裏が出たら何も手に入らない

一般的には、堅実性の高い「選択肢A」を選ぶ人の方が圧倒的に多いとされている。

つまり、50％の確率で何も手に入らないリスクを回避して、100％の確率で100万

円を手に入れようとするのだ。この結果が意味することは、人間は目の前に利益があると、利益が得られないリスクの回避を優先するということなのである。

このような心理的傾向を考慮した意思決定論などを『プロスペクト理論』という。心理学者のダニエル・カーネマンとエイモス・トベルスキーによって１９７９年に提唱され、２００２年にノーベル経済学賞を受賞した。プロスペクト理論は、ギャンブルや宝くじ、マーケティングや広告など多方面で活用されている。

宝くじは、一等が当たる確率は数千万分の１と期待値が非常に低いにも関わらず、多くの人が「自分なら当たるかもしれない」という歪んだ認知バイアスによって購買行動を起こしている。これも、プロスペクト理論の代表的な一例である。

また『ハロー効果』も、多くの人が経験として実感できるものであろう。

「ＨＡＬＯ」は聖人の頭上に輝く後光を指す。つまり、一部の特徴的な印象に引きずられて、全体を誤って評価してしまう心理現象である。

誰かが超一流大学を卒業しているというだけで、その人物が学力だけでなく人格的にも優れているかのように思い込んでしまうのは、ハロー効果である。

また、有名人やタレントを起用した広告が、その商品やサービスを実際に使ったりしたわけではないのに良いイメージを持ち購入してしまう、というのもよくある話である。1920年に心理学者ソーンダイクが提唱した。

■占いはなぜ当たるのか

『バーナム効果』というのがある。誰にでも該当するような、曖昧で一般的な性格を表す記述を、自分だけに当てはまる正確なものだと捉えてしまう心理学の現象である。占いや適性検査でよく利用されている。

たとえば、被験者に何らかの心理実験を実施したとする。その診断結果とは無関係に事前に用意した、

「あなたはロマンチストな面を持っています」

「あなたは時々不安を感じることがあります」

といった診断を被験者に与えた場合、被験者の多くが自分の診断が適切なものだと信じてしまうというものである。

占い師が「何か悩んでいるようですね」とゆさぶりをかけてきたら、100％戦略である。

そんな時は「さきだゆう」トークにご用心である。

さ＝さぐり
き＝聞き出し
だ＝断定
ゆ＝ゆさぶり
う＝運命

当たる！と思わせ、恐怖を植え付け、信じ込ませてくるのだ。
「霊がついている」と言われてゆさぶりをかけられた結果、墓石を買ってしまう人もいる。
もちろん、裏では、その占い師と墓石屋はグルなのである。

ご紹介してきたように、世の中は無数の錯覚で形成されていると言っていい。錯覚を起こすのは脳の特性であるから、心理学などの学問として古くから研究され、多くの理論が発表されている。そして、それはビジネスの場で大いに活用され、我々は日々の生活を錯覚しながら購買し選択して生活しているのである。

申し上げるまでもないことだが、私はあなたにこれらの心理学用語をお教えしたいのではない。自分はこんなに錯覚させられていたのか、と呆気に取られるだけでは終わって欲しくない。

つまりは、錯覚の法則を知ることで自らの脳をコントロールし、自らのビジネスにこの法則をお役立ていただくためにお伝えしているのである。たくさんのヒントが隠されていたはずである。是非、ご自身のビジネスに照らし合わせて考えていただきたい。

■99：1理論

人は脳の錯覚で動く。私は、この錯覚の法則を活用して突き抜けるために大切なことは「99：1の理論」だと考えている。

道徳や倫理は「反省の法則」である。道に外れたら反省することを教わる。

宗教は「戒めの法則」である。悪いことをしたら戒められることを教わる。

世の中の人の99％は、反省と戒めで生きている。99％がそのおかげで良き人として生きている。ここで、神や教祖自身が果たして反省し自戒しているかどうかは関係ない。とにかくその教えにより人々は「反省の法則」で反省し、何か悪いことをしたら「戒めの法則」に従って生きているというのが事実である。９９％の人々はこうして、暴動を起こすこともなく、普通の人として生きてきたのである。

ところが、ここで「反省しない１％の人」というのがいる。

実は、本当に何かを成し遂げる人というのは、反省しない人なのである。

あなたも私も、反省しないからまた何かやろうとするのである。反省したらもうやらなければいいのだから。つまり、反省しないということは「行動の原則」なのである。

これが１％の行動力抜群の人を生み出すのである。

また、９９％の人は

「親を尊敬しなさい」「先生を尊敬しなさい」

と教わり、その通りに生きている。しかし、尊敬は脳にブレーキをかける。実は、９９％の人は、反省し尊敬して生きることを良しとして、脳にブレーキをかけ続けているのである。

突き抜ける人は、尊敬しない。尊敬しないのは「乗り越えの法則」である。本来であれば尊敬すべき対象を軽々と乗り越えて、その先へどんどん進んでいく。

つまり、反省も尊敬もしない1％の人から、大成功者が生まれていくのだ。これが、洗脳から突き抜ける人の99：1の理論である。

魂の錯覚

ここまでお伝えしてきた「聴覚の錯覚」「視覚の錯覚」「思考の錯覚」は、人間の脳が起こす錯覚についての、あくまで基本的な知識である。すでに多方面で研究されている分野なので、知見をお持ちの方も多いであろう。

しかし、私がある時から封印した話は、ここから先なのである。それは「魂の錯覚」である。

■心と魂

私たちには心がある。心がどこにあるのかと聞かれると、多くの人は胸に手を当てるのだという。しかし、そこには心臓という臓器があるだけで、心のありかではない。

心というのは、知識や感情や意思といった精神のはたらきである。つまり、脳がやっていることなのである。そしてもう一つ、魂と呼ばれるものがある。魂はいったいどこにあるのか。

先人は、古来から、魂というものは肉体から独立した場所にあると考えてきた。その魂が肉体に宿り、心の働きを司っていると考えたのだ。

なぜ、肉体から独立した場所に魂が存在するなどという考えに至ったのか。それは、魂というものが自分ではコントロールできない、意識ではどうすることもできないものだからである。では、この「意識ではどうにもならない領域」は、脳のどこがやっているのか。

再度、脳の3層構造について、思い出していただきたい。

一番外側が「大脳新皮質」である。ここは知

脳は瞬時に三層全体反応!!

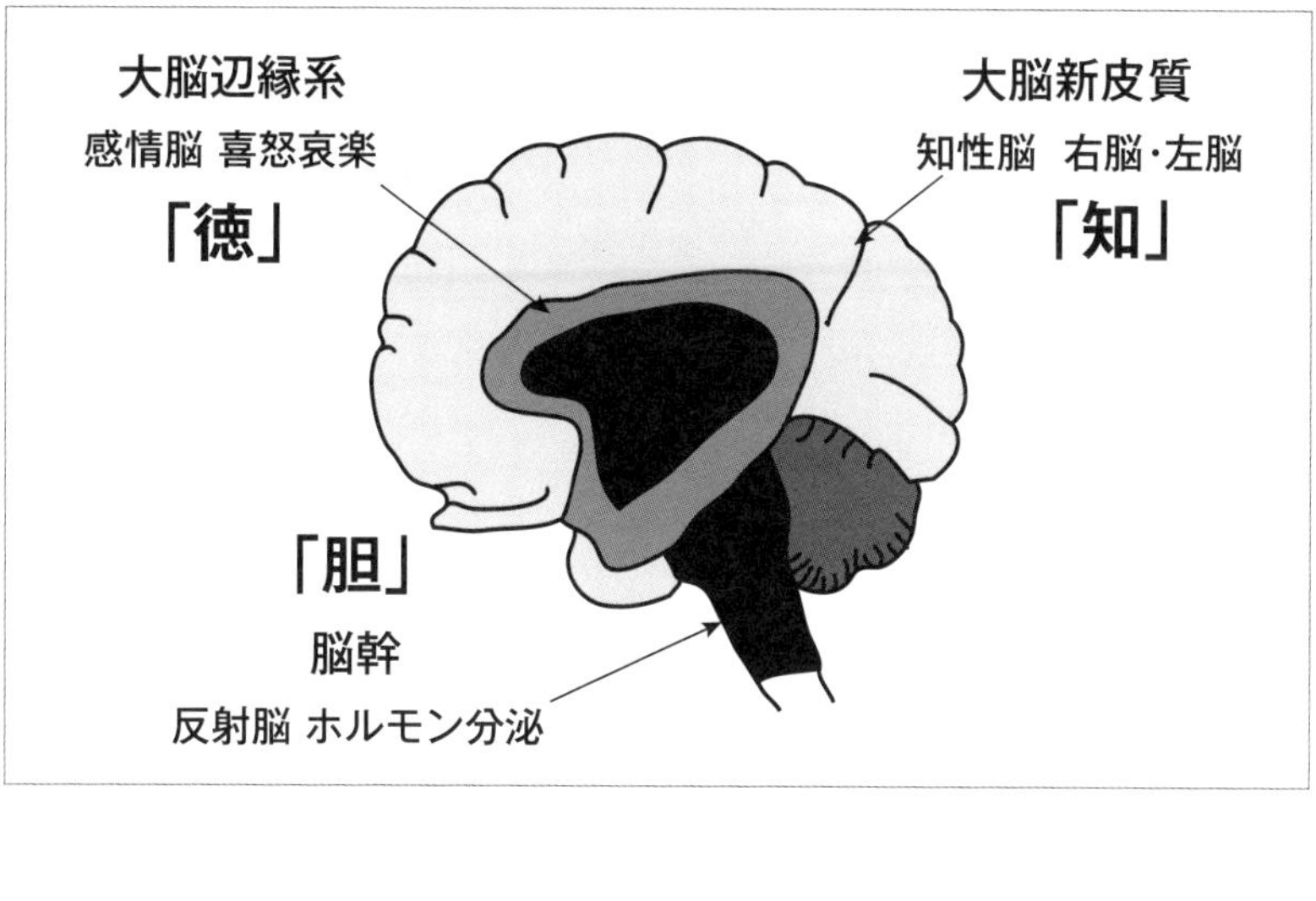

識やイメージの脳で、人間の脳がどんどん肥大化し発達した部分である。

その奥に「大脳辺縁系」喜怒哀楽を感じる脳がある。

その更に奥にあるのが「脳幹」である。ここは意思とは関係なく、人間の生命を維持するために酸素と連動して働いている部分である。この脳は一番最初に完成する脳であり、原始的な役割を持つ。つまり、サルの脳に一番近い部分でもある。


私は17歳の時、日本の霊長学類の礎を築いた研究者、今西錦司氏とお会いする機会を得た。ニホンザルやチンパンジーの研究に大きな成果を挙げる今西氏から直接、

温泉に浸かるサルのグループ

サルの脳について話を伺った経験が、その後の私を脳研究の道へと進ませる大きなきっかけとなった。

　サルと人間の遺伝子は９９％同じである。たった１％の違い、それは脳の大きさである。今西氏は「チョット違いは、大違い」と私に話してくれた。この言葉は、後の私にとって非常に大きな指針となった。そうだ、チョット違いは大違いなのだ。そして、その秘密は、脳にあるのだと。


　サル山へ行ってサルを観察すると、サル達は手先を器用に使い、群をつくり生活している。だが、古代から人間がやっている行為で、絶対にサルがやらないことがある。

　それが「拝む」「祈る」ということである。

　手を合わせて仏像を拝むサルを見たことがない。胸で十字を切って天を仰ぐサルを見たことがない。

　意識ではどうにもならない領域を、人間は発達させてきた。それは「拝む」「祈る」行為と密接に関係があるのである。

■「拝む」「祈る」

結論から申し上げると、人間は「拝む」「祈る」ことによって、魂の錯覚を作り出す。先人は、心より先に魂があると考えた。魂には損得勘定やズルさがないからである。そして、魂には質がある。その心と魂に支えられて命があるのである。

その命をより質の良いものにするために、「拝む」「祈る」行為が生まれた。これは理屈を超えた「脳への条件づけ」なのである。

たとえば、私の会社の玄関前には、大きな石がある。「嬉石（キセキ）」と名付けて毎日拝んでいる。私には信仰している宗教もない。脳のことを研究していると、宗教こそ錯覚だと思える。だが、この石は拝んでいる。

知人が運んできてくれた、ただの石である。しかし、拝み続けていると、朝出社する時に拝み、退社する時にも必ず拝んで帰らなければ気が済まなくなった。

私にとってはたまたま石であっただけで、必ずしも石である必要はない。とにかく、なにかを拝むという行為をすることで、意識ではどうにもならない部分に条件付けを行うことができるのである。

宗教の教えも然りである。

たとえば「輪廻転生」。車輪が回るように（輪廻）巡り巡って生まれ変わる（転生）という考え方である。この世を死んで去っても、また別のものとして生まれ変わってくるという思想だが、これはバラモン教やヒンズー教が一番最初に作った。次に生まれ変わった時、人として生まれて来れるかはわからない。良き行いをしなければ、動物や虫けらになって生まれてくるかもしれないというのだ。

その後、仏教においては「六道」という、六つの世界の教義が生まれた。

地獄＝六道の中で最も苦しい世界
餓鬼＝飢えによって苦しみを味わう世界
畜生＝犬や猫などの動物界
修羅＝鬼神である阿修羅が住む世界
人間＝苦しみも楽しみも感じられる世界

天上＝六道の中で最も楽しみの多い世界

人は、生きている間に行った行為による「因果応報」で、死後、この六道のいずれかに「輪廻転生」すると教えられる。そうなれば、苦しみに満ちた世界を逃れ、極楽へ往生したいと誰もが願う。

人の脳は、このように条件づけをされると、条件反射を起こすのである。

身近なところでは、たとえば子どもの頃、茶碗に米粒を２つ３つ残すと怒られたものである。

「お百姓さんが泣いてるよ」

実際には私の茶碗に米粒が残ったところで、お百姓さんは泣いたりしない。けれど、米粒を残すのは悪いことであると条件づけをされているのだ。要は、怖がらせておいて倫理観を植え付けているのである。

日本の神話も、かなり恐ろしい。イザナギがイザナミを追いかけて黄泉の国へ行き、見ないでくれと言っているのに姿を見てしまったところ、化け物になったイザナミが追いかけてきた。やっとの思いでイザナギが黄泉の国から生還し、川で体を清めていると、左目からアマテラスが、右目からツクヨミが、鼻からスサノオが生まれたという物語である。

そんなことは実際にはあり得ない、と思いそうなものだが、恐怖の物語は脳をコントロールするのである。

こうして、無意識のうちに私たちは学習し、無意識のレベルで錯覚を起こしているのである。

■良い錯覚と、悪い錯覚

つまり、私たちは自分の意識ではどうにもならない領域で、魂の錯覚をさせられていると言っていい。好むと好まざるに関わらず、無意識下の錯覚は避けられない。

しかし、錯覚には「良い錯覚」と「悪い錯覚」がある。

出来ることならば、良い錯覚をしたいと思うであろう。その方法を、これからお教えする。

あなたの錯覚を「良い錯覚」にする方法、それはことである。

前提条件を変える

前提条件で結果は変わる。

たとえば、非常に困難なことにチャレンジする時、頭の良い人であれば、ハードルやリスクを考え、「できない」「無理だ」という前提条件をするだろう。

それが99％の凡人、頭の良い人である。

ところが、先ほど「99：1の法則」で申し上げた。1％のバカがいるのである。

「出来る」「やれる」と思う。

なんなら「出来るまでやれば、出来る」と言ったりする。

どう考えてもバカである。そして反省もしないし、戒めも効かない。尊敬もしない。しかし、その1％が、とんでもない結果を出すのである。


99％の人は、反省したほうが賢明だと思っている。しかし、それは怖がらせて植え付けられた条件に操られているだけなのだ。本当に反省をいちいちしていたら、何も成すことはできない。反省は、他人にはさせても自分はしてはいけないのである。

このエッセンスを伝えるために、以前『かもの法則』（現代書林）という書籍を出版した。幼い頃からきちんと教育を受けてきた人ほど、何かに挑戦しようとしても「出来る」と思うことができない。思おうとしても思えないのである。そのため、行動できない人になってしまっている。

そこで「かも」から始めよう、というのがこの「かもの法則」である。

出来るかも、と思おう。もしかしたら出来るかも、と。

いつも「出来るかも」と言っていたら、だんだん「かも」が育って、「出来る」と思えるようになってくる。そうするうちに、何かひとつでも、一度でも「出来た」と思えることがあれば、それが「何度でも出来る、なんでも出来る」に育っていく。

そのうち反省もしなくなって、ますます成功していく脳が作られる。「かもの法則」はかなり効果がある。良い錯覚を育てたい方は、ぜひ実践されたい。

■「優越の錯覚」と「劣等の錯覚」

「優越の錯覚」とは、心理学において、自分自身の能力や性格を「平均より優れている」と錯覚してしまう心理効果のことである。これも認知バイアスの一種であり、無意識的に働いた心の防衛本能が、自尊心を守ろうとする働きである。

これにはドーパミンが、大きな役割を果たす。人間には、他人より優れていたいという欲求が本能に備わっている。優越感を感じると、脳からドーパミンが分泌され、快楽を感じることができるのである。

そして、その対極にあるのが、劣等感である。他者や理想の自分と比べて、自分が劣っていると感じる感情だ。それが高じて、嫌なことや苦しいことばかり気になってしまう。「劣等の錯覚」である。


この「劣等の錯覚」に苛まれてしまうと、非常に厄介である。

人間には、良いことが起きた時に分泌されるホルモンと、劣等感を感じた時のホルモンや神経伝達物質がある。

良いことが起きた時に分泌されるホルモン

ドーパミン＝快楽や報酬を感じた時に分泌される
セロトニン＝幸せや安定した気分の時に分泌される

オキシトシン＝絆や信頼感を感じるときに分泌される
エンドルフィン＝多幸感を感じるときに分泌される

劣等感を感じた時のホルモンや神経伝達物質

コルチゾール＝ストレスを感じる時に分泌される
セロトニンは分泌されなくなり、不安・抑うつ状態になる
ドーパミンは分泌されなくなり、やる気が減退する
ノルエピネフリン＝過剰分泌で不安や過敏性を引き起こす

たとえばドーパミンが、７００万年前に人間が木から降りて食べ物を獲得するようになった時から放出されたように、これらのホルモンは、人間の起源と発達とともに生成されてきたものだ。脳の３層の仕組みと連動している。

それだけに、自分の意思の力だけではどうにもならない。ホルモンとは恐ろしいものなのである。

３層の一番外側の大脳新皮質で劣等感を持ってしまうと、ドーパミンもセロトニンも分泌

されなくなり、やる気がなくなってしまう。ストレスを感じるとコルチゾールというホルモンが分泌され、これがうつ病の原因となる。

つまり、いかに劣等感を寄せつけず、「優越の錯覚」を作っていくかというのが、脳の使い方として非常に重要なのである。

■人生一回、反省するな！

重要なことをお伝えしたい。あなたは、「もっとこうしておけばよかった」と思うことがないだろうか。

*もっと勉強しておけばよかった！
*もっと趣味をやっておけばよかった！
*もっと努力しておけばよかった！
*もっとお金を稼いでおけばよかった！
*もっと恋愛しておけばよかった！

名づけて「もっとやっておけばよかった症候群」である。はっきり申し上げて、愚の骨頂である。

過去は変えられないのである。人生を反省するのは、燃え尽き症候群の兆候である。

反省というのは、最悪の自己満足なのだ。

反省して、自己満足して、前へ進めない。そういう人は脳の秘密を知るまでもない。「後悔先に立たず」という簡単なことわざの通りだ。事が済んでから、どんなに悔やんだところで仕方ないのである。

後悔とは、ただそう思いたいだけ、という心が作り出した錯覚なのである。

過去は、神でも変えられない。

しかし、未来は誰でも変えられる。

反省をするのではなく、問題点はチェックした方がいい。チェックしたら

「よーし、やるぞ！」

と振り子を「不快」から「快」に持っていくのである。劣等から一気に、優越の錯覚へ

持っていく。「振り子の原則」である。

人類の究極の脳力開発は

「即行動」

である。

木の上にいたサルが下に降りて二足歩行を始めたから人間は進化した。サルはなぜサルのままかというと二足歩行しなかったからである。

人間の祖先は二足歩行を始めて、それまで知らなかった新しいものに出会い、学習を重ねた。どんどん賢くなり、火を使い、言葉を使うようになって現在の人類がある。

700万年前から行動すると人生が変わると

優越の錯覚

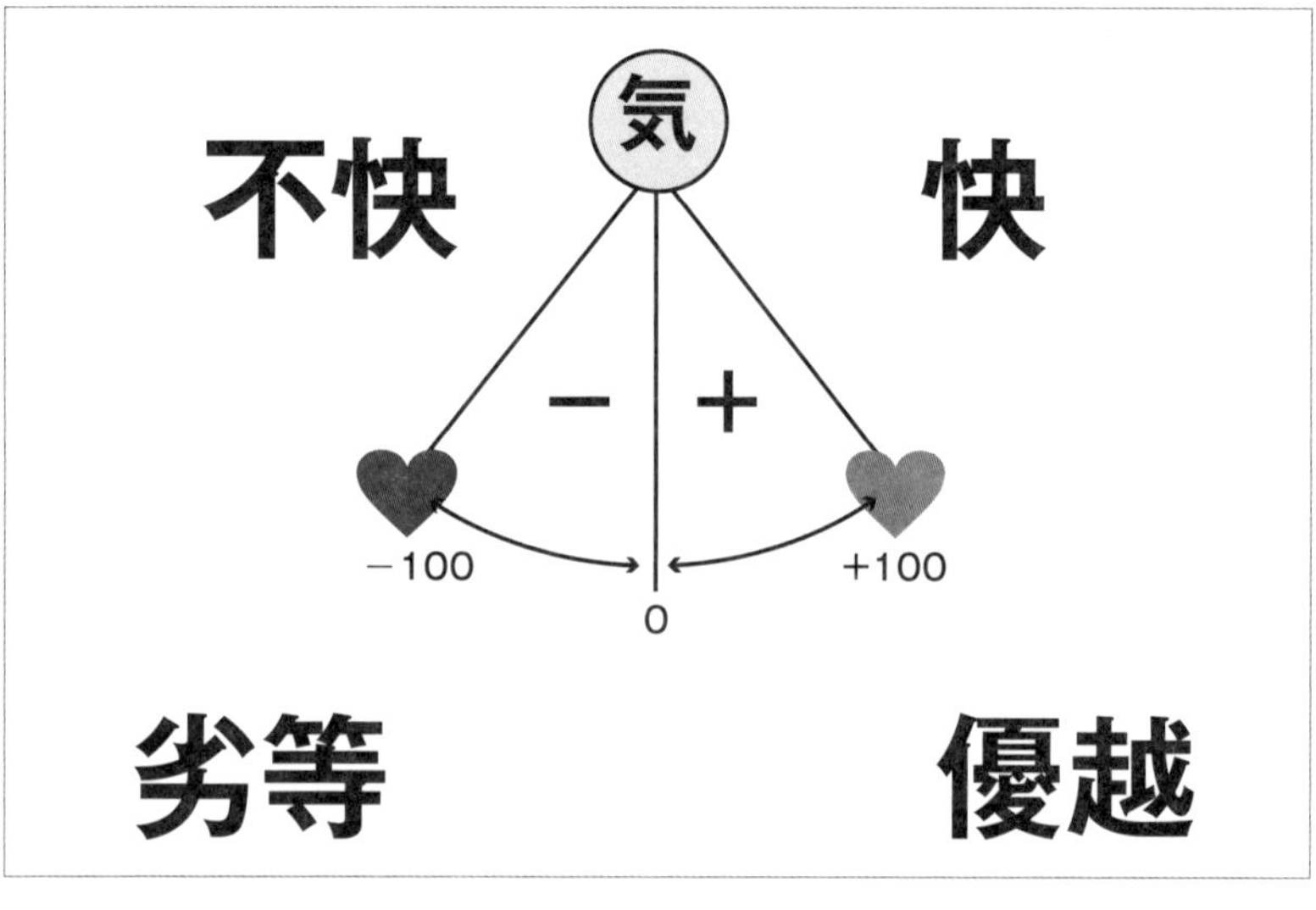

いうのは決まっているのだ。それだけ長い時間をかけて、人類が証明してきたことなのである。

あなたはサルのままでいるか。木から降りて今すぐ歩き始めるか。考えるまでもないことである。

■努力は報われない

「努力は報われる」と多くの人が言うが、私は、それは嘘だと言ってきた。努力は報われない。努力が報われるとは「努力をしていなかった過去の自分」を正当化しようとして言っているだけに過ぎない。努力したら他人に勝てるなどと言うことは決してないのである。

今の自分よりもっと先の自分を良くするための努力ならば、まだわかる。しかし、人と比較しての努力は、素質があるものには敵わない。よって努力は報われないし、そもそも、努力を努力だと思っている人は、絶対成功しないのである。

従って、努力をすれば成功するというのも、嘘なのである。

成功を左右するものは、努力ではなく、素質である。こう言ってしまっては身も蓋もないが、真実だ。

高校野球で一番努力しているのは、エースの４番ではない。補欠である。

高校生の体格差は大きい。体の線の細い子が他の選手と同じ距離を走り込み、同じ練習をするのはパワーがいる。誰より辛く苦しい努力をしているのだ。それでもエースには絶対になれない。努力は報われないのである。

それでも、その辛い経験がその子を成長させるであろう。組織の中での協調性やリーダーシップが、チーム経験の中で養われることも多い。そしてそれが、その子の素質となるのである。


スポーツの例が一番わかりやすいので、今度は陸上競技を例に挙げる。いくら本気で努力しても１００メートルを１０秒台で走れない人が、決して９秒台で走れるようにはならない。これは、筋繊維の素質の問題だからである。ということは、才能は遺伝子で決まるということである。

つまり、成功とは、運である。生まれ持った運で、決まっているのである。

このことに気づいている人がどれだけいるであろうか。

だから、才能のない分野で成功を目指すのは、間違った努力なのである。自分の好きなことや得意なことでなら、それなりの成功はできるかもしれない。しかし、とてつもない成功をおさめる人というのは、素質が圧倒的に違う。まずはそこに気づくことである。そして、間違った努力をやめ、自分の一度きりの人生において、必要な努力は何かということを考える必要があるのだ。

■好きなことを楽しもう

月並みのようで、これが究極である。それは「好きなことを楽しむ」ことである。自分の得意な分野を探し、磨き、楽しむことが大切なのである。

成功者は皆、素質を味方につけ、好きなことをどんどん楽しんでいく。素質があって好きなことをやっているから全く苦にならない。ひたすら楽しんでいるのだ。

大成功者の能力とは「好きなことを大好きになる能力」なのだ。

一方で、**「凡人になる能力」**があるとしたら、それは

辛いことを辛いと思いながら一生懸命やる能力

である。これをやっていると、あっという間につまらない凡人が完成する。

ここでお尋ねする。あなたが本当に好きなものとはなんだろうか？

＊あなたは本当に勉強が好きなのか？
＊あなたは本当に今やっている趣味が好きなのか？
＊あなたは本当にお金が好きなのか？
＊あなたは本当に今付き合っている異性が好きなのか？

いったい何に誘導されてきたのだろう。辛いと思いながら続ける結婚生活、辞めたいと思いながら続ける仕事。受験勉強だってイヤイヤやっていた人も多いのではないだろうか。辛いならやめればいいのである。その簡単なことが多くの人はわかっていない。出来ないのである。

自分が本当に好きなこととは何であろうか。

お金が好きだというのは、案外良い素質である。学生時代は勉強しなかったが、今は金を儲けるために猛烈に勉強している人もいる。また、本当に好きな異性を探したいというのも、ドーパミン理論でいうと最高の素質である。

成功の絶対条件は「好き」という才能を磨くことである。そのことを好きになる、今を好きになることなのである。

■才能を磨けば、皆天才である

そうなると考えなくてはならないことがある。

今やっていることに、ひょっとしたら自分は才能がないぞ、ということに気づかなければならないのである。

そして、

「もし才能があるとしたら、この部分であればひょっとしたら少しは人より秀でているかもしれない」

という「自分の特性」のようなものを探すことが、誰にとっても一番大切だと私は考えている。また、自分に少しでも向いていることを伸ばしていけば、絶対に他のことも後からついてくるものである。
才能がある人間とは、「教育」や「努力」ではない。

自分自身の「脳」が何を求めているかを知る人のことである。

そうして気づいた才能を磨くことによって、自分が持っていた劣等感を補うことができる。あるいは、素質がないことが「素質」になったりもする。素質がなくても楽しんで行っていれば、あるところからその人だけの魅力や能力になる。要は、自分の本質を磨くことなのである。

才能がある人間が努力をすれば、世界で戦える。
才能がある人間が努力をすれば、個性になる。
才能がある人間が努力をすれば、大成功する。
才能がある人間が努力をすれば、人気者になる。

才能を磨けば、皆が天才である。「自分だけの能力」を花開かせ、そこそこの成功を味わうことが、誰にでも可能なのである。

憶聴の錯覚

「錯覚の法則」の、最後にご紹介するのが「憶聴の錯覚」である。

先頃、私は『憶聴の法則』（美里出版）という電子書籍を上梓した。

憶聴とは、「意識ではどうにもできない脳の領域」があることに着目した、私の造語である。憶聴についての詳しい解説は拙著「憶聴の法則」に書かせていただいたので、ここでは、脳の錯覚の観点から、憶聴について知り、憶聴を使いこなすヒントをお伝えしていきたい。まさに「錯覚の法則」における究極テーマである。

■無意識に新しい記憶をつくる憶聴野

脳には、生まれてから今日までの膨大な記憶データがある。意識的に記憶してアウトプットできるもの以外にも、膨大な量の記憶である。それらを唯一コントロールし、無意識に新しい記憶を作っていくのが「憶聴野」である。

夢に会ったことのない人が出てくるのも憶聴の働きによるものだ。空飛ぶ夢も、とんでもないストーリーの夢も、全て記憶が勝手に作り出している。憶聴とは、認知を司る記憶の統合野なのである。

わかりやすい例を挙げる。自転車に初めて乗る時、誰もがどうやって乗ったら良いか、考えながら練習をする。ところがある時を境に、考えなくてもスイスイ乗れるようになる。これは、小脳の運動連合野の働きによるものである。

車の運転も最初はブレーキとアクセルを覚えながら一生懸命練習するが、ある時を境に自然に運転ができるようになる。

一度覚えたスポーツも忘れない。ショートバウンドを取る時も、最初のうちは、ここで落ちたら、とか、ここでミスしてしまう、などあれこれ左の脳を使っているが、やっているうちにイメージだけでスムーズに取れるようになる。

これが何をやっているかというと、脳の記憶の統合野が、それらの運動の記憶を勝手にまとめているのだ。その究極が、憶聴なのである。

■創造の根源「憶聴」

つまり、憶聴というのは、人間の創造の根源なのである。人間がなぜこんなに賢くなったのか。道路を作ってみたり、飛行機を飛ばしてみたり、パソコンを作ってみたり。サルには絶対に出来ないことである。それは、サルの脳にはない憶聴の統合野が、人間にはあるからである。

それがどこにある、ということを証明することは出来ない。しかし、自分では考えもしないことを勝手に脚本を書いて演出している部分が確実にある。そして、これが人を不幸にも幸せにもするのである。

あなたの記憶が無意識にどう作られていくのか。このメカニズムについてお話ししたい。人間の脳には、記憶データを瞬時に集めてくる「結晶型知能」がある。記憶の倉庫のようなところである。これに対し、「流動型知能」は新しい情報を獲得し、それをスピーディーに処理・加工・操作する。シナプスを結合させて勝手に記憶を結びつけ、新しい想像（創造）を生み出しているのである。

これもまた、どこでどう動いているのか証明することが出来ない。しかし間違いなく、人間はこれらの記憶を集めて瞬時に判断しているのである。

身近でわかりやすい例を挙げてみよう。テレビで「そっくりさん」というのが登場する。すると、あのタレントさんに似ている、と脳は瞬時に判断することができる。それは脳の中で勝手に記憶が作り変わっているのだ。前にタレント本人を見た記憶と、少し違うけれど似ている目の前の人の顔を瞬時にダブらせて判断しているのである。

そのようにして人間の脳は、人類を進化させ、科学技術を発展させ、宗教をも創造してきた。一方で、恐ろしさもある。記憶が勝手に作られていっているのである。

釈迦は、今から2600年も前にこのことに気づいていた。釈迦は、人間の心理を8つに分類した「八識」を説いた。八識とは次の8つである。

1. 眼識《げんしき》
2. 耳識《にしき》

3. 鼻識《びしき》
4. 舌識《ぜっしき》
5. 身識《しんしき》
6. 意識
7. 末那識《まなしき》
8. 阿頼耶識《あらやしき》

そして、８つ目の「阿頼耶識」は、意識よりも深いところにあると説いたのである。そして、人類を無意識の錯覚から守る『究極の錯覚』が「拝む」「祈る」ことであると、釈迦は気づいていたのではないだろうか。

■恩感力

『恩感力』とは、その名のとおり、恩を感じる力である。

私は、成功者の脳の法則を追究してきた。その中で、成功者が時に若者に対して、こんなことを言うのを耳にした。

「お前も努力すれば、俺のようになれるよ」

それは全くの嘘である。その人はその人の努力をしたからそうなっただけであり、若者はその人ではないので、なれるわけがないのである。

努力よりも大切なことが一つある。それは、人との出会いである。

成功者は偉くもなんともない。ただツキと運があっただけである。それが本当に有難いことのだと、その恩を感じる力「恩感力」が最も大切なのである。

ここまで錯覚について述べてきたので、もうお分かりと思う。現代人は嘘の塊である。それに気づかなければならないのだ。

そして、それも、運のある人だけが気づく機会を得られるのだ。

だから、運の開拓が重要なのである。

生きているのではなく、生かされているのだ、と思えるかどうかである。実際には生かされているのではなく、ただ生きているのだとしても。

そういうことを考えていくと、幸せを外に求めるのではなく、内側を固めてこその幸せであるということに、つくづく気づかされるようになる。成功は掴めても、成功と幸せは違う。どれだけビジネスでお金を稼いで成功しようと、幸せは内側にあるものだ。究極の憶聴の錯

覚をつくるのは
「内を固めて、外がある」
という精神なのである。

私は、宗教者ではない。だが、この究極の憶聴をつくるのは、やはり「拝む」「祈る」ことで、自分を取り巻く全てのものに恩を感じ、感謝の心を育てることだと考える。そこで考え出したものが
「無双拝（十方拝）」
である。

無双拝（十方拝）

①両親に感謝
②家族（配偶者・子ども・兄弟姉妹）に感謝
③祖父母・先祖に感謝
④親戚・血縁に感謝

⑤お世話になった師に感謝
⑥友人・知人・地縁に感謝
⑦天（天空）の自然に感謝
⑧地（大地）の自然に感謝
⑨日本（天皇）・国・故郷に感謝
⑩宇宙・地球・信仰している宗教に感謝

まずは内からである。半時計周りに、自分の命を取り巻く全てが並んでいる。十方とは、天地（上下）の二方、東・西・南・北・北東・北西・南東・南西の八方、あわせて十方である。あらゆる全てのものに感謝する。

世界の拝みスタイルの多くは、ピラミッド型で頂点を拝む「点の拝み」である。これに対して無双拝は、ネットワーク型の「円の拝み」だ。和の愛を実践する、日本人らしい拝み方であると考えている。

無双拝（十方拝）

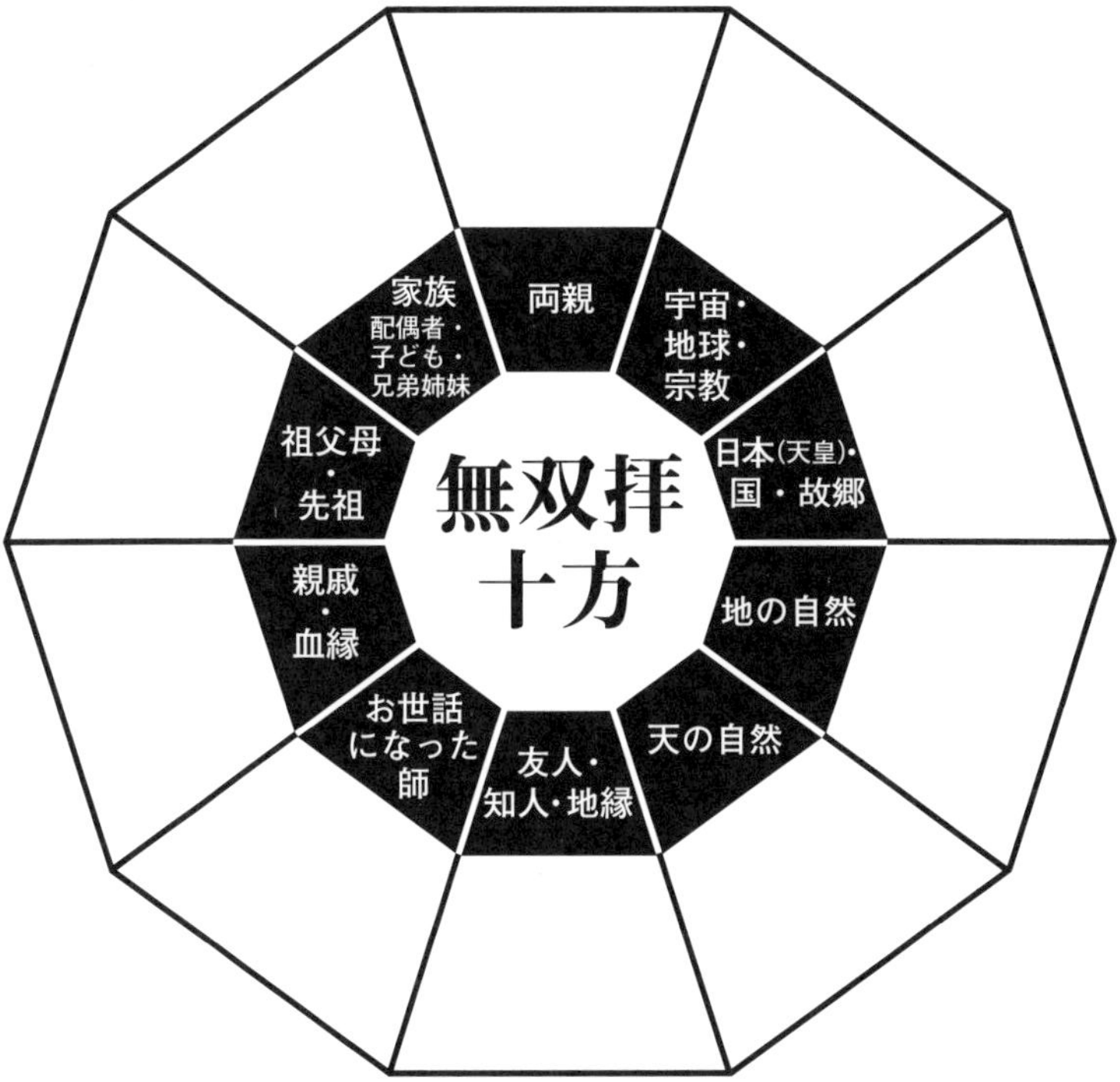

①	両親に感謝	⑥	友人・知人・地縁に感謝
②	家族（配偶者・子ども・兄弟姉妹）に感謝	⑦	天（天空）の自然に感謝
③	祖父母・先祖に感謝	⑧	地（大地）の自然に感謝
④	親戚・血縁に感謝	⑨	日本（天皇）・国・故郷に感謝
⑤	お世話になった師に感謝	⑩	宇宙・地球・信仰している宗教に感謝

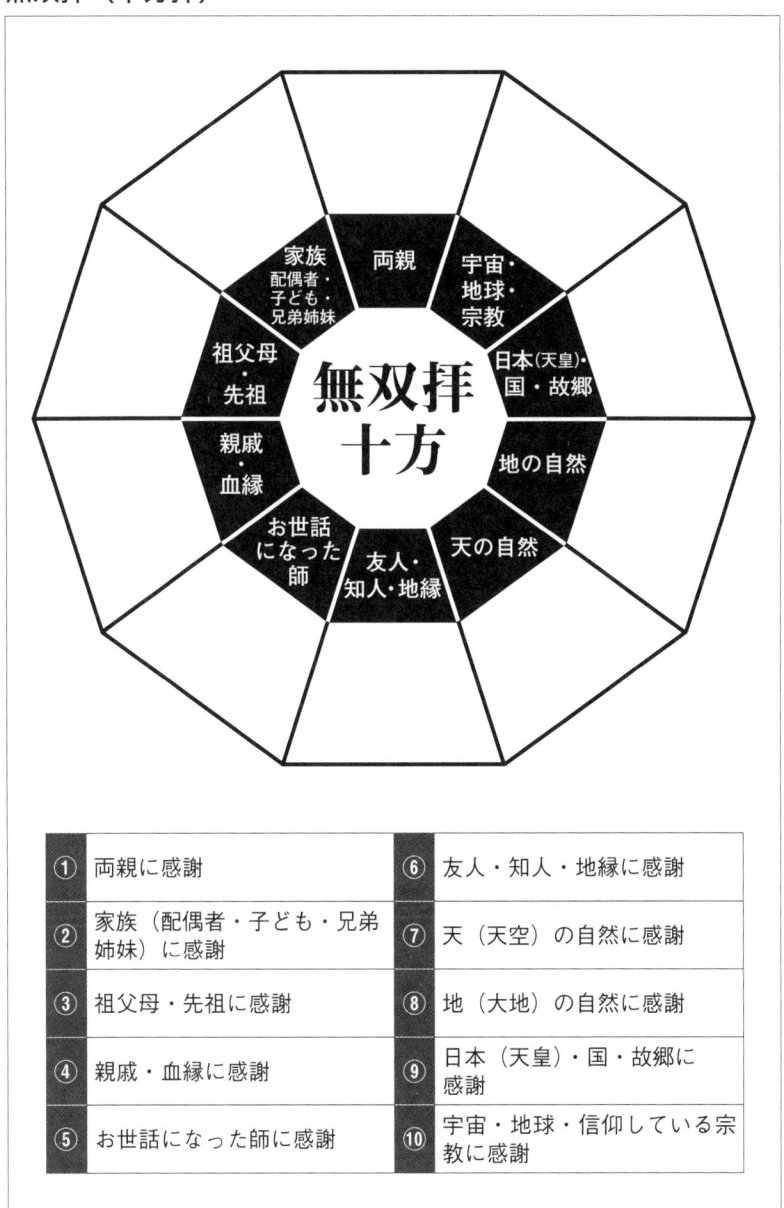

錯覚を知り、錯覚を乗りこなし、命と脳を使いこなしていく究極の方法は、恩感力で自らの精神性を高めていくことである。それが幸せを創り出す。

たった一度の人生である。感謝に満ちあふれ、「和の愛」で皆に見守られて終えるまで、最高の人生を歩もうではないか。

さらに詳しく知りたい方への推薦書籍

『面白いほど成功するツキの大原則』西田文郎著／現代書林
『一瞬で人生が変わる恩返しの法則』西田文郎著／ソフトバンク クリエイティブ
『かもの法則』西田文郎著／現代書林

第3章

経営者の究極の成功とは

日本のほとんどの経営者は危ない

ここまで、現代の日本が直面している問題と、人間の脳の「錯覚の法則」についてお伝えした。差し迫った現実に恐怖を感じるであろうか、それとも1％の反省も尊敬もしない経営者のあなたならば「大きなチャンス」と捉えるだろうか。

私は、正直申し上げて、日本でこの時代を生きるほとんどの経営者が「危ない」のではないかと考えている。人生の最後に「命と脳」の大切さをこうしてお伝えしているのも、なんとか未来の日本を守って欲しい、それができるのは政治でも宗教でもなく経営者しかいない、そう思うからである。

実際、日本から出て世界と戦うと、真実がわかる。

今や日本人はアジアで一番学ばない国になった。スキル格差が著しく、情報の伝達スピードや対応力も全く叶わない。４０歳以上の日本人は世界ではまったく相手にされないと言って良いだろう。このまま行くと、日本の子ども達の未来はメイドかもしれない。

加えて、人工知能時代が到来した。

人類史においては、各時代によって成功するための能力が変遷してきた。

まずは「武力・腕力」の時代。強い者が勝つ、強ければそれで良い、力の時代であった。

やがて「知識・知恵」が勝る時代となった。人々は勤勉に働き、知恵を持つものが台頭する時代であった。

近年は「お金・経済」が全てに勝る時代が続いていた。経営者は儲けることに専心した。

そして、いよいよやってきたのが「ＡＩ・発想」の時代。シンギュラリティの時代である。

シンギュラリティとは日本語で「技術的特異点」とも呼ばれる。ＡＩが人間の知能を超える転換点のことであり、また技術哲学・科学哲学・未来学などにおける進化の概念そのものを指す。

人類は、人類史上初めて、人類より知能が高いものと地球上で共存していく時代を迎えたのである。

これは流れが一気に変わる「ゲームチェンジの時代」である。

「ゲームチェンジ」には、次の4つの考え方がある。

① 秩序破壊型

従来と同じ商品やサービスであるが、異なる儲けの仕組みで提供する

② 市場創造型

ビジネスモデルは既存と同じだが、まったく新しい製品やサービスを提供する

③ ビジネス創造型

世の中に存在しなかった斬新な製品やサービスを、新しいビジネスモデルで提供する

④ プロセス創造型

製品を提供する流れやバリューチェーンを見直すことによって、新たな価値を提供する

人工知能の時代になり、このゲームチェンジが瞬く間に起こり始めている。

人類の未来

人類史に名を残す天才科学者たちが、近未来を予測している。スティーブン・ホーキング博士（１９４２‐２０１８）は、宇宙学者・理論物理学者として科学に多大なる功績を残した。宇宙やブラックホール、量子論の謎を研究したことで知られる。

そのホーキング博士が未来の地球について、以下のように述べている。

①２０３２年に、地球は氷河期に突入する
②２０６０年までに、人々は地球を離れて別の惑星に住むようになる
③ＡＩはおそらく人類を滅ぼす
④２１００年には人類は宇宙の奥深くに進出し、新たな種族が出現する
⑤２６００年までに地球が火の玉になる

今の段階では、どれひとつとっても現実味を感じないものの、これは「予言」ではなく、ホーキング博士のサイエンスに基づいた「予測」であるだけに恐ろしい。

特に「汎用人工知能」の実現がもたらされた時、ＡＩが人類の脅威となるか否かは、科学者の間でも大きく見解が分かれている。

汎用人工知能（ＡＧＩ）とは、従来のＡＩが特定のタスクを処理する能力に長けているのに対し、あらゆるタスクを人間と同等かそれ以上に処理し、推論して学習し、自ら成長していく人工知能である。世界中の研究開発に取り組む企業の夢でもあり、その実現は数年後とも１００年後とも言われ、実現することはないとする見解もある。

相対性理論の発見で世界的に知られるアルベルト・アインシュタイン博士（１８７９－１９５５）も有名な言葉を残している。

「第三次世界大戦がどのように行われるかは、私にはわからない。だが、第四次世界大戦が起こるとすれば、その時に人類が用いている武器は石とこん棒だろう」

世界の技術は進むだけ進み、争いが繰り返され、最後には自らを滅ぼすという警鐘が鳴らされている。実際に、世界では今この瞬間も戦争で人々が殺し合い、今にも爆発しそうな火種があちこちで燻っている状態である。

また、日本について言えば、完全に地震の活動期に入っている。日本全国どこであっても、いつ何時、巨大地震に見舞われるかわからない状況である。また、気候変動の影響か、台風などによる水害も各地で深刻化している。

このように私達を取り巻く地球環境は、非常に危険な状態にある。この状況下で、１００年先を予測することなど誰もできない。１００年どころか、５年先すら読むことが難しいというのが今の世の中なのである。この時代において、日本の経営者は、いったいどのような舵取りをしていけるというのだろうか。

超富裕層と貧困層の格差社会

世界の構図も大きく変わっていくであろう。

あえて例えるならば

「ごく一部の独裁者と、圧倒的多数の奴隷」

である。

それはつまり、IT企業の覇権争いで勝ち残る巨大企業と、それ以外を指す。

少し前までは「ビッグテック（GAFAM）」と言われていたのが、2024年末の時点ではメタ社がそこから脱落し、テスラ社とエヌビディアが加わった「MATANA」だと言われている。このビッグテックの顔ぶれも、急速に変化していくであろう。

これらの企業が今や、石油メジャーに変わって世界経済を牽引する存在となっている。経営トップはさながら、巨額の金で政治や経済をも動かす「独裁者」である。

そして日本においても、格差社会は拡大する。第1章で「究極の二極化」について述べたが、日本は間違いなく貧困化する。これまでの「中流家庭」は消滅し、ごく一部の超富裕層とその他の貧困層に分かれるだろう。

そして、この「新下流層」とも呼ぶべき貧困な一般市民の中においても、格差と階級による分断が広がっていくことが目に見えている。

要因はいろいろあるが、ひとつにはやはり、人工知能の台頭がある。

ＩＱの平均値は１００で、たとえば東大生であれば１５０ぐらいであろうか。これまでは高い知能や学習能力を持った人間が評価され、活躍する世の中だったと言える。しかし、人工知能が登場したことにより、１００も１５０も大差がなくなった。さらに汎用人工知能が普及すれば、ＩＱは数千～１万に到達すると言われており、そうなれば人間はもう「バカの集まり」でしかない。

しかし、ここが面白いところでもある。

学歴や知能など、なんの助けにもならない。その中で

「人間にしかできない脳の使い方」

をすることによって、圧倒的に突き抜ける存在になることが、誰にでもそのチャンスがあるということだ。

従来であれば、他人より学歴がいい、他人より学力が高い、それが社会の入り口の段階での格差であった。しかし、もうそれはない。言わば、

「この世はやったもん勝ち」

の世の中がやってくるということなのだ。

まさに時代はゲームチェンジである。

これが、私達に待ち受ける未来なのである。

「100社・100物・100人」の法則

私はこのような時代が来るのを予測し、これからは「100社・100物・100人の法則だ」と日本の経営者たちに言ってきた。私のところに勉強に来ている経営者は、脳の使い方を学んでいるので、皆それなりに成功している。儲けてもいる。

しかし、それでも、これから生き残れるのは100社・100物・100人だけ。一部の「独裁者」とそれ以外に分かれるのである。

独裁者というと聞こえが悪い。独裁者には、悪魔の独裁者と正義の独裁者がいる。果たして世界経済をも牛耳るビッグテックの覇者たちは、悪魔であろうか正義であろうか。その答えはまだわからない。

だが、これから「100社・100物・100人」を目指して生き残りを賭ける日本の経営者たちには、是非、正義の独裁者であってもらいたいと願うのである。そこそこの成功ではなく「突き抜けた成功」を成し遂げる人物でなくてはならない。そのため、私はごく一部の素質がある経営者に『突き抜けの法則』を伝えてきた。

これは広く一般に教えられる内容ではなく、また教えたところで体得できるものはごく一部である。しかし、この度、本書の第5章にてその『突き抜けの法則』を公開する。

お金を儲けることは、今の時代むしろ容易い。ネットの知識が少しあるならば、誰でも稼ぐことぐらいはできるだろう。この時代に金を稼げないのはむしろ病気だと私は申し上げてきた。ひと度、時流に乗れれば、まるで紙幣を印刷できるかのようにお金を増やすことはできるのだ。

しかし、このゲームチェンジの時代に乗って突き抜けるには、それだけでは足りない。脳を変えなくてはいけないのである。

それが、ここからお伝えする「命」を知ることである。

命を司る「心」と「魂」を知ることである。

そして、人生を知り、生き方を知り、己を知らなくてはならない。あなたに残された命の時間はどのくらいであろうか。天からいただいたその命を賭け、経営者としてどのような哲学を持って生きられるであろうか。覚悟を持たなくてはならない。

経営者としての究極の成功とは、この国の未来にその命を刻むことである。この時代を象徴する正義の独裁者、100社・100物・100人として、圧倒的な成功を収めていただきたい。

そして、その成功こそが、日本の未来を少しでも明るくすることに直結する。そんな思いであなたの「命と脳」を使ってほしいのである。

次章では、脳科学と人類学の観点から人間の「命」について考察したい。歴史を知ると、人間がわかる。人間がわかると、明日への一手が見えてくるのである。

第4章

脳科学から見る「命」

人類とセックス

縄文時代は、一夫一婦制ではない。人は、屋外の他人から見える場所でセックスをしていた。正常位はなく、馬やトンボと同じく後背位であった。

面白おかしく下世話な話をしようというのではない。

人間を知る上で、男と女、つまり染色体XYと染色体XXの、それぞれの特徴と違いを理解することは大変重要である。

これこそまさに命の根源の話であり、この地球に人類が誕生してからの男と女の歴史を紐解くことが、人類の未来を見ることにもつながるのである。

前出のサルの研究者　今西錦司氏も、サルが正常位でセックスしているのをみた事はないと仰っていた。生物がいわゆる後背位で生殖行為を行うのは、外敵がいつ来てもいいようにである。

生物としての生殖本能と危機管理なのである。

いっぽう、人類はサルから進化した。堅牢な建物で外敵から身を守るようになり、他人から見える場所でセックスをする必要はなくなった。

しかし、進化の過程で変わらないことがある。それは、染色体ＸＹと染色体ＸＸの特性である。ホルモンの特性である。時代がどう変遷しても、男と女の違いは変わらないのである。

そこで、生物学的観点から、男と女について考察を深めていく。

英雄、色を好む

チンギス・ハンは、地球上のすべての人間を自分の子孫にすることを願った。モンゴル高原の統一を目指し、草原を血なまぐさい戦場に変えた男は４０万人を虐殺し、戦いに勝った先で多くの女性を我がものにした。得意の騎馬力で夜な夜な女性の元へ通ったという。

そうして現在のロシア、中国、イラク、韓国、東ヨーロッパ、インドのほとんどを統治した。最近の研究では、統計上では世界人口のうち１６００万人がチンギス・ハンの子孫だというのである。

そんなチンギス・ハンはこんな言葉を残したとされている。

「人間の最大の喜びは、敵を倒し、敵を目の前から追い出し、持っているものをすべて奪い、愛する人を見て涙を流すこと。馬に乗り、妻と娘を抱くことである」

男の染色体XYの特徴を、これほどまでに現した言葉は他に見当たらない。まさにXYは戦いの遺伝子なのである。

チンギス・ハンほどのスケールでなくとも「英雄、色を好む」の事例は挙げたらキリがない。
昭和の大経営者の女遊びの武勇伝？は数多ある。大物ほど多くの愛人がいたようである。日本の英雄は、奥方の辛抱と理解に支えられ、社会という戦場を勝ち抜いてきたのだろう。これもまさに女性の染色体XXの特性である。女性は愛の遺伝子なのである。

ウランバートル市郊外にあるチンギス・ハン像

一夫多妻か、一夫一妻か

「一夫一婦制」は、現代日本に生きる我々にとっては当然のように感じているが、人間が生物学的に一夫一婦制というわけではない。

哺乳類で一夫一婦なのは全体の3〜9%程度だという。鳥類は90%が一夫一婦制である。


実際に人間の歴史をさかのぼれば、世界の国や地域、民族において一夫多妻・一妻多夫制がみられる。

アジアではインドや中国領チベット、イスラム教の国々、そのほかアフリカ、アメリカ合衆国のモルモン教、16世紀にはキリスト教の一派にも一夫多妻制がみられた。また、国の制度ではないが、貴族階級や上流階級で一夫多妻制が浸透していた場合も多い。これ

家族で長距離を旅する渡り鳥たちは、一夫一婦制である

らは、宗教的・文化的背景によって、その社会が選択してきたものである。

ヒトの祖先であるサルはどうであろう。

サルは一夫多妻、または乱婚的な関係を持つ傾向が強い。一夫多妻の社会を作るサルのオスは、メスよりも体がかなり大きく、より大きな攻撃性を持っている。

対して、一夫一婦の社会を形成するサルもいる。テナガザル類がそれにあたる。彼らの場合は、オスとメスの体の大きさや性質の差はそれほど大きくない。これは非常に興味深いことである。

人間は、基本的に男性が女性と子どもを社会的・経済的に保護するという構造があるため、一夫一婦的な繁殖システムを持つ傾向にある。しかし、歴史的に見ると一夫多妻・一妻多夫制が普通であった時代や地域も多い。

人間社会において一夫多妻制が成り立つ理由のひとつには、社会の構造が複雑化し、社会的な地位や経済的な地位の差が生まれたことによる。多くの資源を持つ男性が、複数の女性

と子どもへの投資ができるようになった結果として、一夫多妻制が生まれたのである。

また、戦争が長く続いている社会では、戦死によって男性が少なくなるために、女性保護の視点から一夫多妻制となっていった。たとえば、初期のイスラム社会がそれである。現在もイスラム法では、妻は４人まで娶ることが認められている。

日本に一夫一婦の考えがもたらされたのは江戸時代、キリスト教が伝来した時だと言われている。キリスト教は貞操観念を重視し、婚姻の形態は一夫一婦を基本とした。

ところが、宣教師が日本に一夫一婦を根付かせようとしても、その考えはなかなか広まらなかった。江戸時代においても、妻のほかに妾を持つことは、上流武士や富裕な町人達の間では普通のことだったからである。

また、近代以前の日本では、一夫多妻こそが自然の摂理にかなない、倫理にかなったものだと考えられていた。

なぜなら、日本社会においては祖先を崇拝することが重要視される。その意味で、子孫を絶やさず家を存続させることが、何よりも大切だったからである。


この流れは明治時代になってからも続き、明治3年の「新律綱領」では妻と妾を二親等の同等に扱うことが定められた。これは、女性の権利を守る意味ではなく、日本の家制度を守るためだ。つまり「家」を存続させるために、妾と妻を同等の立場に押し上げ、跡取りを産んでもらおうという思想が背景にあったのである。

しかし、日本の近代化が進むにつれ、こうした風潮は近代国家としてふさわしくないという世論が高まった。やがて、刑法では明治13年に、戸籍法では明治19年に妾の存在は姿を消す。そして、明治31年には民法で一夫一婦制が確立する。

これによって、それまで伝統的に側室をおいていた皇室でも一夫一婦主義をとり、大正天皇以降は側室が廃止された。こうして現代の日本では一夫一婦制が当たり前になっていったのである。

浮気や不倫は、もちろん現行法的にはいけない事である。しかし、こう考えていくと、一夫一婦制は、人間という生物の本能というよりも、社会的・文化的な背景によって、その地域や国が選択している「制度」なのである。その制度の中で、浮気はダメだ、不倫はけしからん、とジャッジをしているのが現代なのだ。

人間の本能に着目したとき、男と女の生態は、その染色体の違いにより大きな差を見せる。そして、それぞれに進化を遂げている。これこそ「命」の面白さなのである。

女が男を捨てる時

昨今、女性から三行半を下す離婚が増えている。

『錯覚の法則』では、恋愛もすべて錯覚だと申し上げた。その錯覚が冷める時があるのだ。

実は、女性はホルモンの関係で夫を嫌いになるのである。

最初に会った時は「この人、素敵！」と錯覚を起こして結婚する。その時の女性には、女性ホルモンが分泌している。実はその時にも「憶聴」が深く関わっている。人は記憶で考え、記憶で判断して動いているが、この記憶というのが憶聴野で勝手に作られていくということは理解されたであろうか。この憶聴が、相手を素敵な人だと判断して（錯覚を起こして）夫に選んだというわけである。

女性は、好きな相手に対して、母性本能を感じる。自分の子どもでもないのに、母性を感じるのは、女性ホルモンが分泌するからである。

ところが、少し生活をしていくうちに、その母性本能が冷める。人間の脳というのは、どんどん記憶を増やすことによって成長していく。これは**「可塑性」**といって、人間の機能や構造が、環境に適応して変化していくことを指す。身体のリハビリがわかりやすいが、失った機能を他の機能でカバーして再生していく力が人間には備わっている。

これと同じく、**脳にも可塑性がある**のである。

脳の可塑性については、後半で詳しく述べるとする。

さて、夫への気持ちが冷めてしまった女性の脳でも、可塑性が起こっている。

つまり、相手を素敵な人と錯覚していた頃のレベルが低かった自分と、成長してレベルが上がってしまった自分は、今やまったく別の人間なのである。

錯覚から冷めてしまうと、女性ホルモンを分泌しなくなる。女性ホルモンを分泌しなくなってしまうと、もう夫には興味がないどころか、一般の人よりも嫌いになってしまうというのが、ホルモンの力なのである。そうなると、もう不可逆である。二度と、夫に対して愛情を感じることはない。

私は「男は永遠の６歳児」だと申し上げてきた。すべての男の脳は、いつまでも言うことをきかない６歳児である。興味を持ったことには一目散に突進し、周りのことには目が向かない６歳児である、と。

それは、紛れのない事実なのであるが、そう強調していたのにはもうひとつ理由があった。

つまり、女性に母性本能を失われてしまったら、男は捨てられるしかないのである。脳の可塑性によって、もう二度と、愛を取り戻すことはできないのである。
だからこそ、女性に男性のことを
「しょうがないのね、6歳児だから」
と母性本能をもって見守っていただくことが、非常に大切なのである。

女は染色体XXだから変身する

そして、女性は変身していく。なぜなら、染色体XXを持つからである。

染色体について、簡単に説明をしよう。

人の染色体は46本あり、2本組なので23対ある。このうち、性染色体は1対2本ある。男性はXとY、女性はXとXとなっている。この性染色体が男性と女性に分化していくのに大きな働きをする。

最初の性分化は、受精の時に起こる。女性はX卵子が2つだが、男性はX精子とY精子がひとつずつである。X卵子とX精子が受精すれば受精卵は女性（遺伝的女性）となり、X卵子とY精子が結合すれば受精卵は男性（遺伝的男性）となる。

実は、性染色体によって遺伝的な性が決まっても、すぐに女性・男性となるわけではない。次に、性腺が卵巣なのか精巣なのかに分かれていく。

Y染色体には、性腺を決める遺伝子情報がある。つまり、男性になるには性腺を精巣にするこの遺伝子が必要なのである。

こうして精巣が発育すると、男性ホルモン（テストステロン）が分泌され、精管や精嚢が形成されていく。

一方で、Y染色体を持たず性腺が卵巣になると、このような変化は起こらない。

つまり、非常にわかりやすく言うと、

性の分化は女性が基本型であり、Ｙ染色体を持つ男性だけが変化して男性となるのである。

また、性染色体やホルモンなどに異常がある場合は、性分化は不完全となる。受精時の異常などによって性染色体がＸ１本となったり、ＸＸＹなど３本となる場合もある。

このようなメカニズムによって、身体的な性が染色体によって形成されていくのである。

また、ＬＧＢＴＱ＋と呼ばれる、精神的・心理的に多様な性自認、性表現、性指向については、男性か女性かという二元論では語れない。精神的な性に対する染色体の影響や関係性は、まだ解明されていない分野であり、今後の研究が待たれる。

本書においては、人類の進化に経過して、身体的な性を形成してきた染色体に限定して述べることを、ご理解いただきたい。

さて、女性は、母親の体内では変化しない。

しかし、女性はこの世に生まれてきてから変化変身する生き物なのである。

小さな可愛いお嬢さんが、生理がきて女になり、妊娠出産して母になり、やがて老婆になる。女性は天使にも悪魔にもなれる。天使になるか、悪魔になるかは自分の生き方次第である。ある程度の年齢になると、どのような生き方をしてきたかによって、その人が形成される。可愛らしい天使のようなお婆ちゃんになるのか、鬼婆のようになるのかは、容姿の問題ではなくその人次第である。

とにもかくにも、女性が変身していくのは、染色体ＸＸだからなのである。

また、女性は子どもを産む機能を持つ。そのためか、量より質を求める。

これに対して男性は、染色体ＸＹなので子どもを産むことができない。だから量を求めるのである。愛人を何十人も囲ったり、大奥に何百人も女をはべらせるのは、男性の染色体の仕業である。女性も愛人を持つことはあるが、数は多くてもせいぜい３人ぐらいではないか。

女性は数よりも質を重視する、これも染色体のせいなのである。

男性の染色体ＸＹの本能

Ｙ染色体は、攻撃性や凶暴性を持つ。なぜ、男性にだけ、それが備わっているのか。

実は、男性の染色体ＸＹというのは、女性の染色体ＸＸを守るためだけに存在している。

男性は、女性に種を蒔く。その点では男性の本能は質より量である。しかし、女性は10ヶ月の間妊娠を継続して、子孫を残す。それを完遂するには、男性が女性を外敵から守らなくてはならない。そのために男性には、凶暴性と攻撃性が必要なのである。

サルが木から降りて二足歩行を始め、人間への進化の道を進み始めた700万年前から、遺伝子に組み込まれているのだ。

虫も殺さないような優しい男性、というのがいる。それは今の時代の男性の良い面でもあろう。しかし、ひとたび戦争が起ころうものなら、彼もまた、愛するものを守るために迷わず武器を取って戦地へ行く。自分の命に代えてでも、闘って愛する人を守ろうとする。

男の本能は、「殉愛」なのである。

だから、言うことを聞かない6歳児を責めてはいけない。男は、女を守るためだけに存在するのだから。そして、男というのは、苦しいことが好きなのである。馬鹿みたいに苦しいところまで自分を追い込むのが好きだ。男の経営者などは、まさにそれである。

いっぽう、女性は妊娠して子どもを産まなくてはならない生物なので、基本は楽しいことが大好きなのだ。苦しいことは、苦しいことが好きな男に任せておけばいい。私は、女性の経営者たちには、いつもそのように申し上げている。

もし、世界から戦争をなくすことができるとしたら、世界中のリーダーを女性にすることである。女性は、自分が産んだ子どもを戦争に行かせることは決してしない。遺伝子の特徴として、女は愛の伝道師であり、男は戦いの伝道師なのである。

乗り換えの法則

サル山を観察していると、さらに面白いことがわかってくる。
それは、メス猿はオス猿に力がなくなったとわかると、メスは簡単にオスを捨てて、違うオスに乗り換えていくのである。自分の子どもには母性があって絶対的受容があるのだが、オスに対しては容赦がない。

私はこれを『**乗り換えの法則**』と呼んでいる。言ってみれば、ホップステップジャンプである。

最初のホップで気に入ったオスと付き合う。それよりもいい条件のオスがいれば、ステップで乗り換える。

2番目というのは、まだ1番目の記憶が前提条件になっている。前よりもいい男かどうか、それが判断基準である。

そして、それもダメだったという時には、3番目にジャンプする。

この時には、三度目の正直とばかり、自由な意思でジャンプの選択をする。

あくまで遺伝子の話ではあるが、人間の女性も、このメスのお猿さんと同じなのではないだろうか。女性はホップステップジャンプ、『乗り換えの法則』で幸せを求めていくのである。

実は、これも「脳の可塑性」が大きく関係している。

記憶がどんどん蓄積され、それが憶聴で勝手に作り上げられているので、いつでも「いま付き合っている人が一番良い」という錯覚を起こしているのである。

時間がたってしまえば、昔の男と一緒にいた自分のことなど、とうに忘れてしまう。

『自分とは、時間が経てば他人と同じ』なのである。

この脳の可塑性と、女性の本能の力で、女性はたくましく乗り換えて生きていくことができるのである。


対して、男はどうであろうか。

サル山に話を戻そう。

メスは本能でオスを愛する。オスは性欲でメスを愛する。

実は、サル山では、より多くのメスを支配する賢いオスが、全てのオスを支配する。サル山のボスである。しかし、もし、メスに振られて乗り換えられてしまったら、そのオスは失脚してしまうのである。そして、一度失脚したオスがボスに返り咲くことは、まずない。

これもまた人間界でよく見る人生の縮図ではないだろうか。

そういう意味で、男というのは、まだまだ女の凄さを理解していないのである。

二足歩行を始めたころの猿人の脳の重さは500ccほどだったと言われている。現代の人間の脳はそこからどんどん肥大化し、現在は約1600ccである。

脳の肥大化が1000ccを超えたあたりから、変化が起こった。女性は本能で男性を愛するので変化は起こらなかったが、男性は脳の肥大化によって賢くなったぶん、精力が衰えてきたのである。

そして、男性の方はというと、賢くなったことによって

「想像して興奮する」

能力を手に入れたのである。

昔から女性のパンティーを盗む泥棒というのがいる。しかし、男性のパンツを盗む女性は聞いたことがない。これはどういうことかというと、男性だけが、下着を見て想像し、興奮することができるからなのである。

一方で、人間の女性にも変化が起こった。

それは、女性が化粧をするようになったのである。

一般に、生物はオスのほうが美しい。大きな体格で威厳を示すボス猿。大きなたてがみで体を大きく見せ敵を威嚇するオスのライオン。鮮やかな羽を扇状に広げてメスに求愛するオスの孔雀。これらを見ればわかるであろう。

メスはきれいに見せる必要などないのだ。オスが性欲でメスを獲得しようとするからである。美しさをアピールするのは、いつだってオスの側なのである。

ところが人間は、女性のほうが化粧をしたり美しくあろうとするようになった。これも、脳が肥大化したことで男性の精力が衰え、本能的な反応が鈍くなったからなのである。鈍った男性の想像力を掻き立て、興奮させるために、女性が自分をよく見せようと変化していったのである。

こうして女性は、男性によそ見をさせないように、たまには揺さぶりをかけて脅かして、また優しくするという「売り込みの原則」を使わなければ、男性を繋ぎとめることができなくなったのである。

これが、人類の脳が進化してきた結果の、現代の男性と女性なのである。

人生100年時代の結婚と離婚

このように、複数の人を愛せるというのは、病気などではなく、生物学的に考えてそういうふうにできている、ということなのである。

人間の寿命が延びた。これから平均寿命も100歳に届こうという時代である。100年も生きるのであれば、当然、結婚も2回ぐらいはするのが当たり前になるだろう。

ホップステップジャンプ、乗り換えの法則で生きるのであれば、良い考え方がある、と私がお伝えしてきたことがある。
それは、男女を問わず、相手の年齢は、**自分の年齢を２で割って、それに８を足した数**そこが下限である、という『下限の法則』である。

仮にあなたが今、５０歳であるなら、２で割った数に８を足し、３３歳が下限である。これより若い人を求めてはいけない。６５歳であるなら４０歳が下限である。
これは、精神的・心理的な繋がりの面でも、生物学的な側面からいっても、非常に妥当な数字なのである。
これからパートナーを見つけようという方は、ぜひ参考にされたい。

また、男というのは、恋愛の対象となる女性に対して、最初に会った時が一番興奮するようにできている。そして、そこからだんだん、衰えて飽きていくのである。

いっぽう、女は逆にだんだん成長していく。脳の可塑性に加えて、だんだん本能が研ぎ澄まされていく。そして、その結果、男に対して母性が働かなくなってくるのである。
当然ながら、もともとは赤の他人である。そうなると「なんでこの人を選んだりしたのだろう」と錯覚から覚めてしまうのである。

つまり、結婚を継続するとは
錯覚を維持する努力をすること
に他ならない。

錯覚を維持する努力を放棄することは、結婚生活の終わりを意味する。そして、次へ乗り換えることを繰り返すのであれば
「一時期、ご縁があって仲良くなったけど、次へ行くよ」
という、サル山のメス猿とオス猿の関係性と何ら変わらないのである。
これは、人格的に良い悪いという話では、まったくない。生物学的に、人間は本来そういうものだということなのである。

女性の活躍は、何をもたらすか

日本の女性の社会進出はここ数十年で飛躍的に拡大した。そのこと自体はたいへん歓迎すべきことである。

世の中が男社会だったころ、日本はまだ女性という存在に対して優しかった。ＸＹ染色体を持つ男性は、種を蒔くだけの６歳児ではあっても、本能的に女性を守ろうとした。

ＸＸの女性は、男性が外に向かって複数の愛を振りまくのに対して、あきらめの境地ではあっても、認めてきたのである。そして、ＸＸとしての役割を全うし、子どもを産み育ててきた。

あくまで社会全体の流れという意味であるが、女性が自立する時代が来たことにより、本来のＸＸの役割をやらずに、ＸＹの役目を担う女性が増えたのが現代である。

ますます賢くなった女性は、男とはこういうもの、女とはこうでなければならない、という遺伝子レベルで組み込まれていたものを覆したのである。

第1章で、日本は究極の孤独列島だという話をした。そして、自殺者は発表されている以上に多く、これからも増え続けるだろうということをお伝えした。

私が危惧しているのは、これからの時代、自分が命にかえても守りたい人がいない人間は、簡単に自殺を選ぶのではないかということである。

人生の後半になって体調が悪化したり、何か大きな悩みを抱えてしまうなど、死にたいほど苦しいと感じる時が、生きていれば誰にでもあるのではないだろうか。

その時に、実際に死を選ばずに自分を踏みとどまらせてくれるものが何か。

それは、守るべき存在。具体的にいうと、愛する夫や妻、子や孫の存在である。

自分がみずから死を選んだりしたら、家族が悲しむ。いや、悲しませることはそれほど問題なのではない。

残された家族がこれから生きていく中で、あいつの親は自殺したのだ、肉親と人生を放棄したのだというレッテルを貼られることの辛さ、その負い目を背負って生きることの辛さを、愛する者たちに決して味あわせてはいけない……

その思いのみが、人間の自殺を思いとどまらせるのではないのか。

その砦を持たない、孤独な人間は、追い詰められたら簡単に死を選ぶようになる。あるいは、簡単に犯罪に手を染める可能性だってある。守るものが何もない者は、自分のことなど簡単に捨ててしまえるからである。

非常に厳しいことだが、日本は今、そういう状況に来ているように思う。

競争原則において「社会的成功」を追い求め、多額のお金を稼ぐことはまったく悪いことではない。社会的成功は、多くの人にとって最初に目指す成功である。

しかし、いくら大金を手にした経営者であっても、不幸な人は多くいる。それは、社会的成功と両輪をなす「人間的成功」を得ていないからである。自分の命に換えてもいいほど愛する人があるという経営者は、一体どれだけいるだろうか。

だからこそ、生物学的な男と女の存在に立ち返り、人間の命をいま一度、とらえ直すことが必要なのである。

人間の本能を知り、性差とそれぞれの役割を知り、その上で自らの命の使い方を考えていただくことを、提案したいのである。

長い人生、何度パートナーを見つけたっていい。乗り換えたっていい。そして、もし見つけることができたなら、その錯覚を維持する努力を、ぜひ続けていただきたいのである。

それが即ち、自らの命を守ることに繋がるのである。

人類学的な進化からみる「命」

次に、人類学的な見地から、人間の脳の進化を紐解いていく。

人類の進化とはすなわち、「脳の進化」である。サルが木から降りて二足歩行を始めて以来、人間の脳はシナプスをどんどん結合させ、肥大化していった。

二足歩行　＝７００万年〜６００万年前
道具を使う＝７００万年〜６００万年前
火を使う　＝２００万年ほど前
言葉の誕生＝２００万年ほど前
文字の誕生＝５０００年ほど前
思想の爆発＝２５００±５００年前

　長い年月の中で、人間は火を使うことを覚え、言葉を生み出し、やがて文字を生み出した。そして思想を持つようになり、それが爆発的に開花していった。

　人類の脳がどのように進化し、どのような歴史が形成されてきたのか。それを知ることによって見えてくることもまた、日本人の未来を知ることなのである。

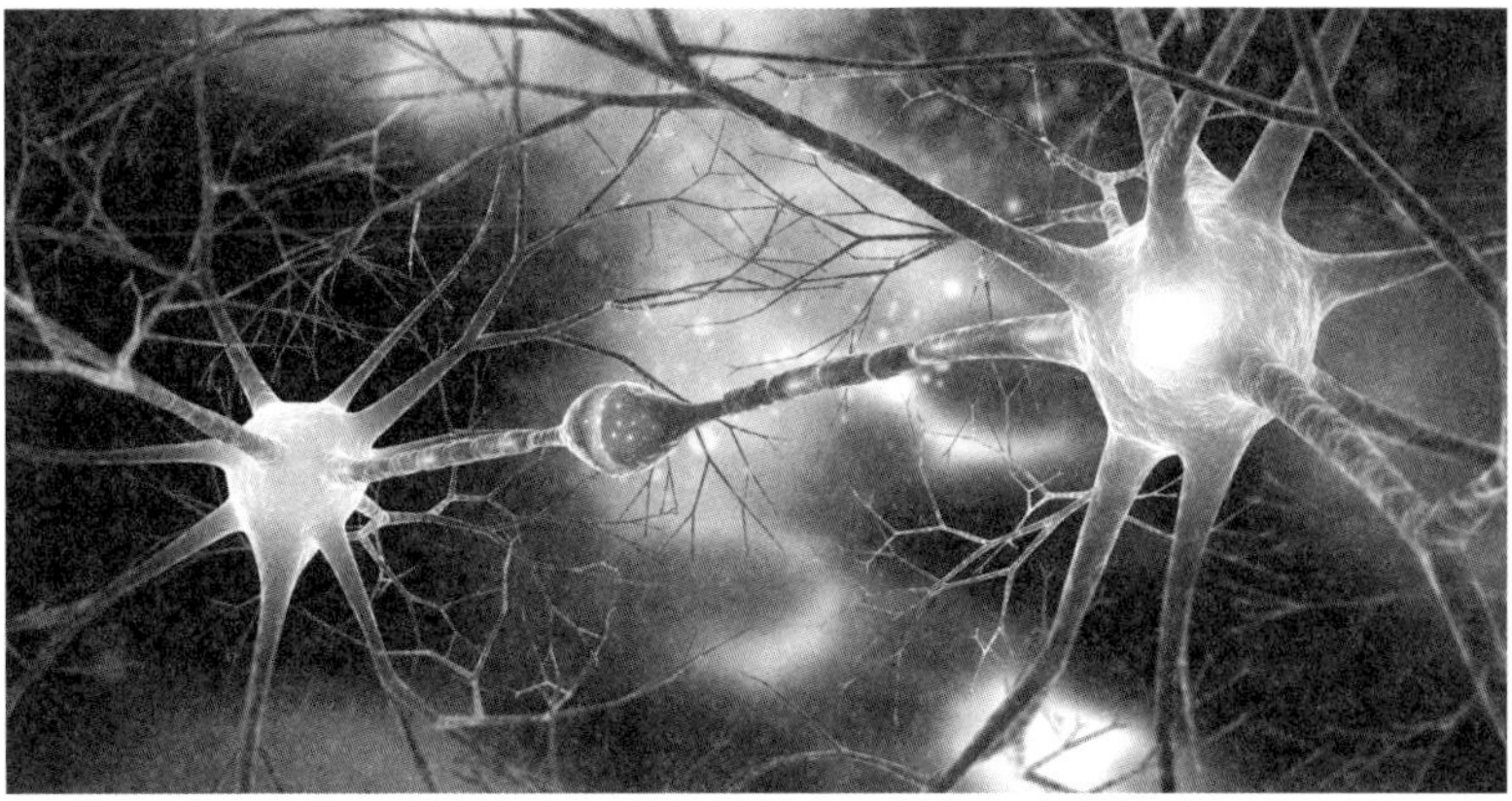

縄文時代を知ると見えてくるもの

日本だけでの呼び名で、「縄文時代」というのがある。

諸説あるが、だいたい今から1万5000年ぐらいに始まり、2500年前ぐらいまで続いたとされる。

世界史でいうところの、旧石器時代の途中から中石器時代・新石器時代にかけて、実に約1万年もの長い時間である。

長い氷河期が終わり、地球が温暖化に向かう頃、人類は土器を作ることを始めた。

日本では、縄をなって土器の表面に模様をつけていたことから「縄文時代」と呼ばれており、その土器の表現形式によって、左のような6つの期間に分けて考えられている。

時代には、大きく2つに分けて「先史時代」と「歴史時代」がある。

文字の誕生以前が先史時代であり、文字が誕生して以降を「歴史時代」と呼ぶ。

「縄文時代」とは？

「先史時代」		
草創期	15000 ～ 12000 年前	
早期	12000 ～ 6000 年前	
前期	6000 ～ 5000 年前	
――文字誕生。世界における「歴史時代」のはじまり		
中期	5000 ～ 4000 年前	
後期	4000 ～ 3000 年前	
晩期	3000 ～ 2500 年前	枢軸時代

＊日本における「先史時代」は、この後の弥生時代から古墳時代にかけて終焉したとされている。

世界的には５０００年前に文字が誕生しているが、日本に漢字が伝わるのは１６００年前である。日本における先史時代が終焉したのは、弥生時代から古墳時代あたりとされる。

つまり日本では「先史時代」が世界に比べて長く続いたとされている。縄文の人々は、文字を持たず、神話や伝説などもすべて口伝えで伝えていたようである。

縄文時代の草創期は、大陸と陸地が繋がっていたとされている。やがて今のような日本列島の形に近づき、周囲を海に囲まれた島の連なりとなった。

縄文人が「祈り」を大事にしていたことは、遺跡から発掘されたものから推察することができる。人の形をした土偶の多くは、安産のためのお守りや、狩の安全を祈るためのものと考えられている。

また、直径３０~５０メートルの巨大な円形上に大きな石を並べた「ストーンサークル」と呼ばれる遺跡も多数見つかっている。祭礼になどに使われていたと思われる石棒などの石器も多数ある。

また、お墓には漆塗りのクシや、石や貝で作られたアクセサリーも多数埋葬されていた。亡くなった人を大切に送り出して祈ったのであろうと思われる。


豊かな自然の恵みを採取する縄文人の食生活は、豊かであった。

クリやクルミなどの木の実が豊富にあり、山菜やキノコも食した。森で狩をし、イノシシやシカ、野うさぎなどを捕まえた。海へ行けば魚や貝が豊富にある。マグロやサケ、ブリ、ヒラメなどを食していたという。貝塚で有名なアサリやシジミなども集めて食べていた。なかなかの栄養豊富であり、グルメである。

人々はムラを形成し、川べりなどに竪穴式住居を作り生活した。家族単位で住むとは限らず、５～１０人ぐらいの単位でひとつの住居に住み、共同生活をしていたと考えられている。

自然の恵みを得て、自然を利用して生きた縄文の人々の祈りの対象は、もちろん自然そのものであった。

文字が誕生する以前の「先史時代」の人類の祈りは、『自然崇拝』であった。自然を敬い、自然を畏れ、自然に祈ったのである。

そして、人類の脳に一気に世界的な大変革が起こるのである。

それが、**文字の発明**である。

今から５０００年前のことである。最初は、メソポタミア地方のシュメール人による、ものの形を表した、いわゆる「象形文字」であったと考えられている。

この文字は1字1字がそれぞれ意味を持っていた。このシュメール文字が、エジプトで絵文字が発達するきっかけとなり、エジプトの文字がアラビア文字の原型となっていった。

その後、1字1字では意味を持たずに音のみを表す「表音文字」のアルファベットが発明された。発明したのは地中海東部のフェニキア人である。

彼らは地中海各地を航海し、貿易を行っていた。そこで、より簡単に意思を伝えることができ、簡単に書くことができる22文字のアルファベットを作り出したのである。

今、世界では7種類のアルファベットがあり、世界で30億人が使用している。

私たちが使っている漢字の最古のルーツは、3300年程前に中国で生まれた「甲骨文字」である。

中国王朝では、穀物の豊穣や戦の行方を、亀の甲羅や獣の骨のひび割れで占っていた。ここから生まれたのが甲骨文字である。

最初は神への祈りから始まった甲骨文字であったが、しだいに、他の部族との意思疎通や契約に使うために発展していった。話し言葉が違う部族であっても、見れば意味を理解できる「表意文字」として漢字が発達していったのである。

文字が誕生し発達したことにより、人は意思の伝達のスピードを飛躍的に早めた。同時に、第2章で「宗教の経典がダンバー数を超えた」例でも述べたように、思想的、政治社会的により広範囲な影響を及ぼす手段を持ったのである。

先史時代の祈りが「自然崇拝」なのに対して、歴史時代の祈りは「理論崇拝」なのである。

さて、遠くアフリカ、ヨーロッパ、中国で文字が誕生し、人類が大変革を起こしている間、海に囲まれた島国日本は、自然の恵みに祈り集団で生きる、平和な縄文時代であった。

このことが、現代においていかなる意味を持つか。それはまた第7章以降で詳しくお伝えするとしよう。

枢軸時代

人類の進歩の過程で、大きな「思想の爆発」とも言える時代が訪れる。

それは今から２５００年前±５００年間、紀元前５００年前後のことである。ドイツの哲学者ヤスパースはこれを「枢軸時代」と名づけ、１９４９年に著書「歴史の起源と目標」の中で提唱した。

ヤスパースは、この時代に、中国文明圏・インド文明圏・地中海文明圏で、同時期に歴史的な転換点があったとし、それを枢軸時代と呼んだ。

それは「宗教と思想」の誕生である。

神話的な認識の中で生きてきたそれまでの人間から、自らの存在を問い、答えを求めるようになったのである。

言葉と文字を使って自らの思想を広めるものが現れた。ある者は宗教を唱え、理論的な者は哲学者になった。

ほぼ同時期に、世界ではこのような宗教者・哲学者が生まれている。

・シナ＝孔子・老子・墨子・荘子・列子
・インド＝ウパニシャッド・ブッダ
・イラン＝ゾロアスター
・パレスチナ＝エリア、イザヤ、エレミヤなどの預言者
・ギリシャ＝ホメロス・ソクラテス・プラトン・アリストテレス

それぞれが関わりを持つことはなかったものの、異なる地域で同時期に人類が精神的に覚醒していったのである。そして、後の諸哲学、諸宗教の源流が生まれた。

人類はこの時はじめて「人間はいかに生きるべきか」を考えるようになったのである。

さてこの頃、日本は縄文時代の終焉を迎えていた。

気候が寒冷化したことによって、森の食べ物が減り、ムラは解散した。その結果、大幅な人口減となっていたことが後の研究でわかっている。

そして稲作をはじめとする農耕が始まり、ふたたび温暖化に向かったことにより、人々の暮らしは安定し、また人口が増え始めた。弥生時代の始まりである。

そして、日本にもこの時期、後の日本人の精神的支えとなる偉大な人物が誕生したとされる。神武天皇である。

神武天皇は、天照大神の五世孫（孫のひ孫）にあたるとされる。初代天皇であり、日本国の創始者である。山や海の自然神をはじめ、あらゆる神々を合一化し、国家の基礎を築いたとされる。

『古事記』『日本書紀』に、記載がなされているが、日本神話の伝説上の人物とされる説もあり、実在したかどうか証明することはできない。

しかし、日本民族に連綿と語り継がれ、日本人のアイディンティティの基盤となったことは間違いがない。こうして、世界の思想爆発の動きとは離れたところで、日本は独自の思想・文化を育んでいったのである。

サルの脳には「神様」はいない

世界各地で思想の爆発が起こり、宗教と哲学が生まれた。これは人間の脳の進化によるものであることが、おわかりいただけただろう。

人は「拝む」「祈る」ことによって脳を発達させてきたことを思い出していただきたい。

先史時代は「自然崇拝」であった。文字の発明によって「理論崇拝」が生まれ、枢軸時代となり、人間は、「知を保有」するところから、「知を応用」するようになったのである。

これは、人間の脳に「流動性知能」と「結晶性知能」という二つの働きがあることによる。

流動性知能とは、簡単にいうと、計算や暗記、集中力など、知能指数として測られる能力を指す。

これに対して結晶性知能は、経験と共に蓄積されていく知恵や知識、判断力、応用力といったものである。物質を結晶化していくように、記憶を蓄積して結晶化した知性を、さまざまに応用していくのである。

人間とサルを比較した時、流動性知能のレベルが全く違う。結晶性知能は言うに及ばずである。サルは文字を持たない。サルが神に手を合わせることもない。それは流動型知能の差であり、結晶型知能の差である。

人間は、その知能の発達によって、脳の中に神を創り出した。

神はあなたの脳に宿っているのである。

これは宗教を否定しようというのではない。生物学的かつ人類学的に、脳科学の見地から人間の脳がそのように発達してきたという見解を述べるものである。目に見えない神に祈り、神を崇拝することができるのは、人間の結晶性知能が知の応用をするようになったからである。

当然ながら、脳には神も宿れば、悪魔も宿る。脳の中に、あなたの良い神をつくっていただきたい。あなたの脳の中に宿る神は、あなたに決して嘘をつかない。

第5章

『突き抜けの法則』とは

99・99：0・01の比率

これからの日本は「100社・100物・100人」を作り出すことのできる突き抜けた人しか、生き残ることができないと申し上げた。

本章では、その可能性がある一部の経営者にだけ私が伝えてきた「突き抜けの法則」を、はじめて公開する。

最初にお伝えしておく。

世の中は、突き抜けられない人が、ほとんどである。

第2章『錯覚の法則』において、私は「99：1の理論」のお話をした。反省をしない、戒めも効かない、尊敬もしない1％のバカからとんでもない成功者が出ると。

しかし、私の言う「突き抜ける人」とは、さらにその1％から100人に1人の割合である。つまり「99・99：0・01」1万人に1人の比率なのである。

だから私は、「突き抜けの法則」を全員に実践していただきたいとは思っていない。なぜかというと、これから申し上げる内容は、世の中で常識とされていることとは一線を画すからである。

突き抜ける人は、最高の錯覚を起こす。最高のパフォーマンスを上げることが第一である。究極のシナプスの結合を起こす。

心も魂もすべて脳でできている、ということは、非常に特殊な心と魂を形成することと同一なのである。誰にでもできることではないのである。

ただ、確実に言えることがある。

「絶対に突き抜けられない人」の脳の特徴は、完全に明らかなのである。

あなたの脳はどうであろうか。

絶対に突き抜けられない人の脳の特徴

■マイナス思考

第一に、これが最も突き抜けの邪魔をする。なんでも否定的にとらえる。リスクにばかり目を向ける。なにかをやろうという時に

「もし、こんなトラブルが起こったらどうしよう」

「失敗したらどうしよう」

と心配で仕方がなくなり、結果として手を出せなくなってしまう。

もちろん、あらゆる可能性を想定することは重要だ。しかし、それは、実行できると判断した上での「準備」の一環であり、トラブルの可能性を一つ一つ検証して潰していくこともまた、行動の一部である。

何もしない、何も考えないうちから、不安や心配に囚われているのは、ただのマイナス思考である。

自分にもし、そのようなマイナス思考の傾向があると思うなら、あなたは突き抜けること

は絶対にできない。また、もし、

「私には突き抜けるなんて無理ではないだろうか」

などという考えがよぎるとしたら、それ自体マイナス思考である。今のうちにやめておいた方が賢明である。

マイナス思考がなぜよくないのか。それは脳に、恐ろしい感情の植え付けをしてしまうからである。その理由は後の項目でご説明しよう。

■甘い、ぬるい

ポジティブ思考は、マイナス思考の対極にあり、常にポジティブな人というのは良い人のように思える。

しかし、一見ポジティブな人のようで、その根拠となる考えが甘かったり、見通しがぬるかったりする人がある。

それは、ポジティブなのではなく、単に考えが足りないだけだ。

私が開発したＳＢＴ（スーパーブレイントレーニング）には

『チョロいの法則』

というのがある。文字どおり、越えたいハードルに対して「チョロい」と思う脳を作り出すトレーニングである。スポーツで目の前の大きな敵に対峙した時、相手に勝つことを「チョロい」と考える。脳に錯覚を起こすのである。

ただし、これを単なるポジティブ思考と、大きく勘違いする人がいる。

それはただ、甘い、ぬるいだけに過ぎない。『チョロいの法則』とは、そんな単純なものではない。

人間の脳は、チョロいと思うと、努力する。チョロいと思うからこそ、越えるための努力をいかにするか考え、計画を立て、実行する。だから本当に勝つ。だからチョロいのである。チョロいと本当に思えない人は努力をしない、実行しない。結果として勝つことはできない。

なんとなく見通しが甘く、計画もぬるいのに、それでもポジティブに考えてイケる気がしてしょうがない、というような脳を持つ人は、絶対に突き抜けることはできないのである。

■行動力がない

マイナス思考の人や、考えが甘くぬるい人も、結局、行動ができない。行動力のない人は何も成すことができない。

結局のところ、突き抜ける人は

やるべきことを徹底的にやっている人

なのである。

ところが実際には９９％の人が、やるべきことをやっていない人である。

ここでいう「やるべきこと」とは、道徳的や理性的に判断して正しいことという意味ではない。自分が突き抜けていくために必要なことを、自分の脳に働きかけて割り出し、それを着実に実行できるかということである。

既出の「３層の脳」を思い出していただきたい。

・大脳新皮質は「知」を司る＝知性脳・右脳・左脳
・大脳辺縁系は「徳」を司る＝感情脳・喜怒哀楽

・脳幹は「胆」を司る＝反射脳・ホルモン分泌

この3層の脳の中には、本能反射領域（Instinct Reflex Area）という場所がある。略してIRAと呼んでいる。

IRAは、無意識の領域である。まさに、憶聴のバイパスが作られる部分である。

IRAには膨大な記憶データが蓄積されるが、その記憶はまず、「扁桃核」によって、「快」な記憶か、「不快」な記憶か、認識される。

それが「快」であればリラックスとプラスの記憶となり、「不快」であればストレスとマイナスの記憶として蓄積されるのである。

つまり、無意識下の膨大な記憶は、必ず「快」

脳は瞬時に三層全体反応!!

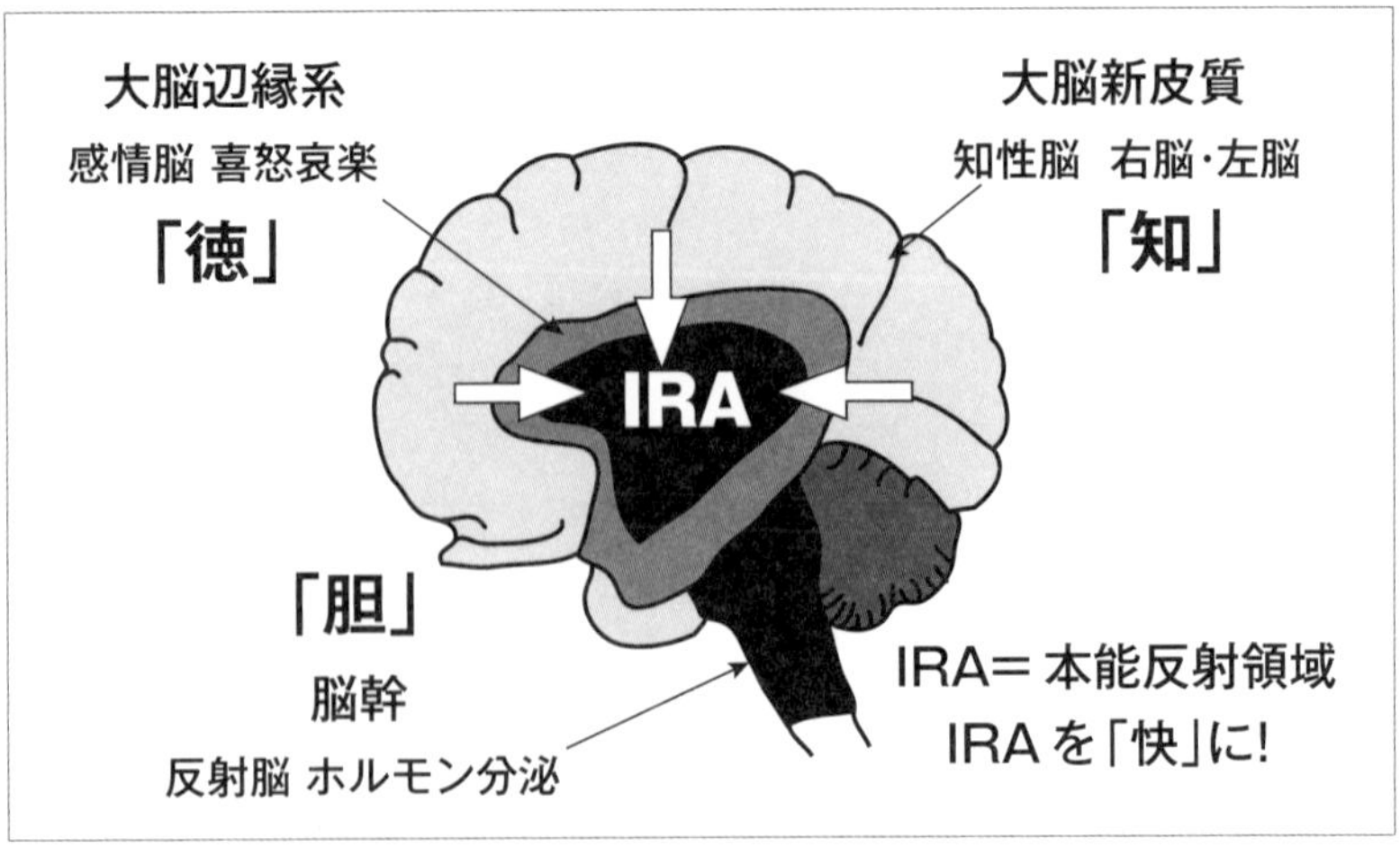

か「不快」の感情と結びついているのだ。そして、そうしたＩＲＡの記憶データに基づいて、理屈脳である左脳は、物事を判断している。いっぽう、右脳はイメージ脳なので、もしマイナス感情がＩＲＡにあると、右脳もマイナスイメージとなってしまう。

また、右脳がマイナスイメージを持てば、左脳がプラス思考をすることはもう不可能になる。先ほどの「マイナス思考」の人などは、常にＩＲＡの記憶データが「不快」に振れているのだ。

その結果、行動ができないのである。

行動力がない人の原因は、無意識の領域ＩＲＡに蓄積されたマイナスの記憶にあるのである。

これを変えるには、「知」「徳」「胆」のすべての要素である「３層の脳」を総動員して、ＩＲＡにアプローチし、ＩＲＡを「快」の状態に持っていくことである。

そうすれば、人間の脳は、初めて行動力を起こす。

無意識の領域であるＩＲＡを鍛える、ということは、良い憶聴バイパスをどんどん作っていくということなのである。

すべての理論がつながっていく。すべては脳の3層構造の中にある。人間にとって真の成功要素とは「知」「徳」「胆」であり、そのどれが欠けても何事も成し得ない。3層の脳すべてに働きかけることで、自分の脳をコントロールするのである。

また、ここで思い出していただきたいのは、自分の脳がすでに、過去に刷り込まれた記憶によってマインドコントロールされているということだ。

あなたが小さな子どもだった頃、今に比べて行動力は抜群だったはずだ。やりたいと思ったことには次の瞬間に体が動いただろう。欲しいと思ったものには迷わず手を伸ばしただろう。それは、そこにマイナスな記憶などなかったからである。世の中は、興味と可能性に満ちていた。

大人とは、脳が不快な記憶で萎縮してしまった人間なのだ。

人より秀でるために絶対に必要なのは「行動力」である。今こそ、自分の脳を変え、行動を起こす時である。

■信念がない

次に、絶対に突き抜けられない人の脳の特徴として「信念がない」を挙げる。

逆に「信念がある人」とは、どういう人を指すのか。

それは、自分が心から信じる価値観や考え方に一貫性があり、困難な場面においても曲げずに守り抜く人のことである。自分を貫く考えがない人に、突き抜けた成功などできるはずはない。


「一気通貫」これが、突き抜けの法則に必要であると、私はいつも申し上げている。

一気通貫とは、もともと麻雀用語である。同じ数牌で１２３・４５６・７８９と揃えることを指す。これをビジネスに置き換えて、商品の開発から生産、販売までを一気通貫で行う、という使い方をする。作業の上流工程から下流工程を一手に引き受ける、いわゆる「ワンストップ方式」とも呼ばれるものだ。

この考え方は、突き抜けた成功を目指す経営者の思考法として、絶対に必要なものである。

それは何も商品開発製造のことを言っているのではない。

経営の根本的な理念から組織のマネジメント、社会への影響や貢献に至るまで、一気通貫の信念がなければならないという意味である。

ゆえに、「信念がない人」は、そこに何を積み上げようとも、突き抜けることなどできないのである。

■理屈っぽい

理屈っぽい人は突き抜けられない。

前に向かっていくために、自分の中で組み立てた理屈というのがある。それは信念を形成するものであるから、必要なものだ。

ここでいう「理屈っぽい」というのは、単なる「言い訳」である。

自分が前に進めない言い訳を、ただこねくり回しているだけに過ぎない。

■己を信じられない

真実を申し上げると、実は、自分の脳を一番信じられないのは、自分自身である。

それは、人間の脳の機能が優秀すぎるからなのだ。一方で、他人のことは簡単に信じるようにできている。ゆえに人間は神を拝み、神を作るようになった。

能力がない人、生産性が低い人というのは、ある意味、頭が良すぎて自分のことが信じられないのである。

突き抜ける人というのは、己の能力を信じて疑わない。立ち止まって考えることを知らない。だからこそ、突き進むことができるのである。

いちいち、

「自分に、できるだろうか」

などと考える人は、己を信じていない。そういう脳の人は、絶対に突き抜けることはできない。

人間の欲望と欲求

突き抜けられない人の特徴の裏を返せば、突き抜けに必要な脳の絶対条件が見えてくるであろう。それは、

自分には「できない」「やれない」「時間もない」「頭がない」「お金がない」などのやれない理由探しをしないこと

である。

そして、他人と自分を比較するのではなく、己の脳を追求することである。

一流は、才能と素質によって偶然生まれるが、超一流は偶然では生まれない。超一流の人は「戦い」から生み出される。

その戦いとは愚かな人たちとの戦いではない。己の脳との戦いである。

本当に優秀な人の脳には特徴がある。それは、

・他人に同調しない

・狂った探究心がある

・毒がある

というものだ。

私は５０年にわたる脳研究で、さまざまな優秀な研究者たちと交流を持った。その中で面白いことに気がついた。

テレビをつけると、研究者が専門家としてコメントをしている場面によく出会う。

しかし、私の知る限り、本当に優秀な研究者はテレビには決して出ないのである。なぜかと問うと

「世の中は言いたいことを言ってはいけないようになっているので、テレビに出ても仕方ない」

というのだ。思わずニヤリとしてしまうような、ウイットに富んだ皮肉である。そして、そんな人がノーベル賞を受賞すると初めてテレビに登場することになるのである。

超一流とはそのようなものだ。簡単に人前に姿を現さない。一流の脳は、経験と、思想と、探究の場によって磨かれ、超一流の脳となるのである。

私が『突き抜けの法則』を公開する理由は、１００社・１００物・１００人を生み出す超一流の経営者を、いま輩出しなければ、日本が崩壊すると考えるからである。

手遅れになってからでは遅い。もう間に合わないかもしれない。それでも、これがこの時代を勝ち残る唯一の手段だと確信している。

しかし、ひとつ大きな問題がある。それは、突き抜ける超一流の脳を持つ人がこれを理解してしまうと、時として悪いことに使うことができるようになってしまうのだ。

最悪の例は「戦争」である。歴史上、相手を皆殺しにしてでも勝ち上がろうとする特殊なリーダーが戦争を引き起こした例は多々ある。それらの特殊な人間こそ、皆、突き抜けた脳の持ち主であった。

だから私は、本当に一部の、この人物だけには伝えておきたいと思った経営者にしか、この『突き抜けの法則』を伝えてこなかったのである。

人間の欲求には「強さ」と「質」がある。

この「強さと質」によって、人の人生や、求める成功の結果が変わってくる。

どの成功が正しいとか間違っているというのではない。これは、その人間の本能が求める欲求がどういう「強さと質」かによって、変わるだけである。

人間の欲望と欲求の「強さと質」とは、このような段階に分類できる。

生きる上で何に重きを置くかということは、その人間の性質と心が決めるものである。重ねて言うが、優劣の問題ではない。ただ、己の欲望と欲求の原動力になるものは、この数値が高いほど強く、質が高いということができる。

つまりは脳の中の優先順位である。損得だけで生きている人間の脳には「よき魂」はできない。

この「魂」とは何か、「心」と何が違うのか、という話は後章に譲るとするが、要するに、あなたの脳が金を取るか、魂を取るかによって、大きく変わるのである。

人の「欲望と欲求」の強さと質

強さ	質	欲望と欲求
1	1	先祖への誇り
2	2	お金
3	3	人生観
4	4	犠牲力
5	5	正義感

成功には質がある

さて、「成功」という言葉を何度も使ってきたが、果たして「成功」とはどのようなものであるのか。

実は、成功にも質と種類がある。

1. 成功しないという成功
2. ぼちぼちの成功
3. かなりの成功
4. 大きな大成功
5. 究極の突き抜けた成功

4の「大きな大成功」までは、脳の法則を使いこなすことによって、それぞれの人が目指せるものである。

1の「成功しないという成功」は、それはそれで、穏やかで、ささやかな喜びに満ち、よき人生だと本人が感じられるのであれば、成功なのである。

２～４の「ぼちぼち」「かなり」「大きな」の基準も人それぞれであろう。

たとえば、みかん農家が美味しいみかんを一生かけて生産し、大成功はしていないけれども家族と幸せに暮らしたとしたら、それは充分な成功ではないか。

こうして考えてみると、５の「究極の突き抜けた成功」というのが、いかに特殊な脳の持ち主の成すことであるか、おわかりいただけるのではないだろうか。


私の知る限り、突き抜けた成功ができる人間とは、

トラウマをエネルギーに変えた人

である。

トラウマをエネルギーに変えられない人間は、強烈な戦いの世界には入らないほうが身のためである。すぐにうつ病になってしまうであろう。

『突き抜けの法則』とは

いよいよ、『突き抜けの法則』について述べる。

99・99：0・01の比率、1万人に1人が究極の突き抜けた成功を手にすると申し上げた。本書を手に取られたあなたは、その0・01％を目指す覚悟があるとして、ここから説明していこう。

『突き抜けの法則』は、「10の基本原則」と「7つの鉄則」からなる。

それは、次のようなものである。

10の基本原則

① 「ツキと運の根本的な違い」を知れ

②「生きる目的と手段の違い」を知れ
③「人との出会い、出会いの人間学」を知れ
④「経験こそ財産である」を知れ
⑤友には質がある「真の友、魂友を大切にせよ」を知れ
⑥登る山を決めよ「登る山によって全てが決まる」を知れ
⑦「社会的成功と人間的成功を錯覚するな」を知れ
⑧「愛は脳の究極の錯覚である」を知れ
⑨「勉強の質が大切である」を知れ
⑩「脳の判断には、科学的な感覚と宗教的な感覚で、ものを考える２種類がある」を知れ

７つの鉄則

１　戒めの法則
２　Ｎｏ・２理論

3　職場の環境整備
4　心の環境整備・他喜力
5　成信力と芯記憶
6　無双拝・十方拝
7　憶聴・天の声

「10の基本原則」では、「7つの鉄則」を実践するにあたっての、原則的な考え方を体得するためのものである。
「7つの鉄則」は、実際の経営において実践しながら、究極の突き抜けを実現していく脳の作り方について伝授するものである。

これまで何度となく、ごく一部の人間しか突き抜けた成功をすることはできないのだと申し上げてきた。しかし、事業を興し経営を志してきたものならば、誰もが一度は、突き抜けた成功を遂げたい、と願うものなのではないだろうか。

それは男性の染色体ＸＹに組み込まれた戦いの本能なのである。最近は女性の経営者も、ＸＸの本能から突き抜けた人もいる。人生の快感とは、突き抜けることなのである。

脳の行き着く先は強欲であり、征服欲である。究極の強欲は世界征服であり、独裁である。いま世界を席巻する経営者たちは、まさにその本能を最大限に活かして生きていることがわかるだろう。

どこまでも膨れあがる人間の欲求に真っ向から向き合い、最強の強敵と戦い続けるのが、『突き抜けの法則』なのである。

しかし、それは「金」の欲求からくる動機だけでは、強さと質が低すぎる。

超一流の研究者がそうであるように、一流の脳は、さらに「経験」と「思想」と「場」によって磨かれ、超一流となる。

思想を生み出すもの、それは「心」である。

心を生み出す大元が、「哲学」である。

哲学というのは、人間が行き着いた「根本原理」である。

つまり、しっかりとした哲学を持つということが、人間としての「根をはる」ということなのである。また、それこそが、従来の自分の脳の制約を外す方法なのである。

哲学があり、思想があり、その上に戦略があり、そして戦術がある。

これが、突き抜ける人の脳であり、人として成功する脳なのである。


人生一回である。究極の思想を持ち、究極の思想に生きよう。情熱と、熱意と、執念に満ちたロマンあふれる脳を育てようではないか。


究極のリーダーとは、己と戦う人間である。自分で考え、自分で選び、自分で決め、自分で生きる。

人生とは「己の生きざま」そのものなのである。


あなたには、これから述べる「10の基本原則」と「7つの鉄則」を、そうした己の哲学を育むために知っていただきたい。

１０の基本原則

①「ツキと運の根本的な違い」を知れ

私は過去、多くの著書にて「ツキ」と「強運」を生み出す脳のつくり方について述べてきた。『突き抜けの法則』の第1原則として、まず、ツキと運は「根本的に違う」ということをしっかり理解していただきたい。

どうも、その点を誤解している人、または混同している人が多いように思う。

「ツキ」とは、幸運や偶然に恵まれることである。チャンスを掴む能力とも言える。これは実は、個人の努力や能力に直接関係していない。

ツキとは、誰にでも訪れている一種の波である。

そのツキの波をつかまえ、波に乗ったものが成功している。

波が見えないものは、当然つかむことができず、成功もしない。

『突き抜けの法則』を体得するものは、第一に、強運の持ち主でなければならない。

ツキで成功することができても、大成功をすることはできない。大成功には強運が必要である。強運の持ち主とは

「ツキを卒業したもの」

である。

もちろん、突き抜けた成功をおさめた者は、ツイて、ツイて、ツキまくったことがあるはずだ。その波をとらえることに長けていたに違いない。

面白いようにツキがやってきて成功していくと、楽しくて仕方がないであろう。ツキは楽しみの中から生まれるのである。

しかし、運とは、苦しみの中から生まれるものなのである。

ここを知らなければならない。

人生には苦しみが三度あるという。生まれた時、死ぬ時、そのほかに人生であと一度だけあると。

これがその一回か、と思うほどの苦しみが訪れることが、誰の人生にでもあるだろう。その時、多くの人は絶望し、もはや立ち直る術もないと思うに違いない。

しかし、突き抜ける脳はどう考えるか。

今こそ、これがチャンスだと、思えるのである。

「苦しみを楽しむ力」

これは究極の能力である。私は「苦楽力」と名づけている。

苦楽力によって、チャンスの時がわかる能力が備わる。苦しみの中から機運を捉え、行動を起こす。その個人の努力や行動の選択によって、強運が訪れるのである。

つまり、運とは、苦しんだものだけに与えられる能力なのである。

「ツキと運の法則」には秘密がある。

・貧乏な人は「ツキと運」がやってくることをアテにしている。
・貧乏な人は「ツキと運」は偶然やってくると思っている。
・貧乏な人は、努力をせずに「ツキと運」がやってくると思っている。
・富裕層は「ツキと運」があったことに感謝している。
・富裕層は、努力が報われたことに感謝している。
・富裕層は「ツキと運」は努力が報われた答えだと思っている。

いかがだろうか。

とかく世の中は、富裕層と呼ばれる人たちがあたかも、自らはなんの努力もせず「ツキと運」だけで多額の富を得たように思いがちである。そして、自分にもいつか「ツキと運」がめぐってくるのではないかとアテにしたり、ツキがないことをぼやいたりする。

強運を手にする人こそ、実は、苦しみの中から自ら道を切り拓いた人なのである。尊敬すべきなのは誰か、明白であろう。そして、生きていく上で大切なのは、尊敬する人を求めることではないだろうか。

もし、強運な人があなたの身の回りにいたならば、その人を大切にするべきである。

②「生きる目的と手段の違い」を知れ

お金を儲けることが人生の目的になってしまっている経営者がいる。非常に残念で、不幸なことだと思う。

金は、目的を果たすための手段としては使えるが、金は金である。人生の目的ではない。

人間の真の「目的」とはなんであろうか。人類の歴史から考えても、答えは出ている。

人間の真の目的は、**自由と愛**の獲得である。

これは、７００万年前に、人類の祖先が木から降りて二足歩行を始めた時から変わらない。

染色体ＸＹと染色体ＸＸに組み込まれた本能である。

真の自由と、真の愛を求めて生きよう。お金は、その手段に過ぎないことを知るべきである。

③「人との出会い、出会いの人間学」を知れ

もはや使い古された言い回しのように思えるが、改めて申し上げる。
人との出会いほど、大切なものはない。
哲学者で教育学者の森信三氏（1896－1992）の名言がある。

「人間は一生のうちに逢うべき人には必ず逢える。
しかも、一瞬早すぎず、一瞬遅すぎない時に。
縁は求めざるには生ぜず。
内に求める心なくんば、たとえその人の面前にありとも、
ついに縁は生じずに到らずと知るべし」

この言葉は大変有名であり、また、言葉を知らなかったとしても体験的にうなずける人は多いであろう。
まさに人との出会いは、一瞬早からず遅からずである。あの時にこの人との出会いがなかっ

たら今こうしていなかった、あの日あの時の選択があの人との運命を決定づけた、そういう出会いのエピソードは誰しも持っているのではないだろうか。

この森信三氏の言葉の後半も、非常に重要なことを言っている。

人は生きている間にさまざまな出会いをする。しかし、人との縁というのは、待っていてやってくるものではない。自分から求めない限り、もし自分にとって大切な出来事を運んでくれる人が目の前にいたとしても、縁は生まれないのである。

『突き抜けの法則』においても、人との出会いは大変重要である。人との出会いを大切にすべきである。しかし、突き抜けるには、それだけでは足りない。

それは

「どんな人にも目的を持って会いなさい」

ということである。「会う目的を決めよ」ということである。

やみくもに出会いを増やして交際範囲を広げたところで、突き抜けた成功にはつながらない。それは人脈とは程遠いものである。

突き抜ける人とは、すべての行動に目的があり、すべての出会いを将来への投資と考える人のことである。

良き出会いこそが、人生の扉を開く。それを知り、自分自身の出会いの人間学を持つことが、突き抜けの原則である。

④「経験こそ財産である」を知れ

経験は、どんな所有物よりも価値がある。

経験だけが、お金で買うことができない財産である。しかも、お金やモノは無くなってしまうが、経験という財産は決して無くなることはない。

強運は、苦しみの中から個人の行動によって生み出した結果だと申し上げた。これこそまさに経験である。

一見ネガティブにも思える経験の中に、チャンスを見出すことができるか。そして苦しみを楽しむ力で、感情の振り子を「不快」から「快」に振りきることができるか。本能の脳を「快」にして、行動力に変え、現実を変える。それが「強運」なのである。

　このような経験にまさる財産はない。

　あなたのこれまでの人生にはどんな財産があるだろう。そして、これからの人生はどのような財産に彩られていくであろうか。実に楽しみではないか。

⑤友には質がある「真の友、魂友を大切にせよ」を知れ

　経営者に「真の友はいるか」と問うと、明確に答えられない人がある。実に寂しいことである。人生の宝とは、間違いなく、真の友だからである。１００人の知り合いを作ることより、ただ一人の真の友を作ることのほうが重要である。

　友には「うわべの友」と「心の友」がある。友にも、質とレベルがあり、私は以下のように定義づける。

知り合い＜友達＜親友＜心友＜魂友《たまとも》

究極の真の友は魂友《たまとも》である。これがたった一人でもいれば良い。そして、一緒にいる友を選ぶことも、突き抜けるには重要なことである。

ホンダの本田宗一郎氏と、名参謀として知られる藤沢武夫氏は、企業経営におけるNo．2戦略の好事例として、経営を学ぶ者ならば知らない人はいない。

しかし、晩年、藤沢氏は本田氏のことを「友達だ」と言っている。

本来、友達はNo．2の要件ではない。友達とビジネス関係になることは、安易になったり妥協しあったり、難しい局面を引き起こす事が多いからだ。

そこで多くの人は、本田氏と藤沢氏をビジネスパートナーとして最高のコンビであったと評する。たしかに、最高のものづくりを目指す本田氏と、それを実現させる藤沢氏の経営手腕の両輪があったからこそ、世界のホンダが生まれた。

しかし、私は、本田氏と藤沢氏こそ、真の友「魂友」だったのではないかと考えている。

二人が出会ったのは1949年のことである。意気投合し、藤沢は順調に推移していた製造業の自社を売り払い、本田技研工業に入社した。経営が下手なことを自覚していた本田氏は、この時から実印を藤沢氏に預け、以下のような約束をしたという。

「お互い（技術屋と経営屋）のやることに口出しはしない」

本田技研工業がオートバイメーカーとして次の一手を模索していた１９５０年代、本田氏は、海外製品にも対抗できる大型バイク製造に心血を注いでいた。いっぽう、藤沢氏はモペット（原付）に商機を見出していた。もっと多くの人に親しまれ、台数が出るバイクが必要だと、漠然とではあるが感じていたのである。

そこで藤沢氏は本田氏を半ば強引に連れ、スクーターの聖地であるイタリアをはじめ、バイク文化が根付いているヨーロッパへの視察旅行を決行する。

２日間の飛行機内で、藤沢氏は本田氏に、５０ccのモペット生産の重要性をずっと説き続けたという。まったく承認しない本田氏に対して、藤沢氏はなおも力説を続けた。

実は、本田氏の頭の中は、次に創りたいと思う大型バイクのスタイルやエンジンの設計イメージが、既に広がっていたのだ。やはり本田宗一郎は技術者なのである。イメージの中で、そのスタイルやエンジン設計に至るまでが浮かび上がり、それに納得するまでなかなかウンとは言わない人なのである。それでも藤沢氏は2日間、びっしりと本田氏を説得し続けたという。

のちに、本田技研工業の社内誌に、藤沢氏が誕生秘話を寄稿し、飛行機内での二人の対話をこのように振り返っている。

「私は『作るべきだ、作るべきだ』とは言うものの、実際にどんなものをつくるかについては、全然わからないし考えもつかないが〜〜実際そうであってはいけないことであろうが〜〜ともかく私は強引に言い張り続けた。(中略)
ところが、2日目の終わり頃になったら、社長はそのことについて返事をしなくなった。
(中略)それは、既にどういう構造ならば？　と考えはじめる証拠なのだ。
そして、ドイツに着いた翌日、二人でハンブルグの町々のオートバイ店や自転車店を見てまわった」(1958年7月　ホンダ社報より)

私は、この関係性こそが、真の友「魂友」であると思う。

本能反射領域（ＩＲＡ）が、意識ではどうにもならない心と魂を形成していることはお伝えした。このうち、心の領域は「損得を考える」領域である。

いっぽう、魂の領域は「損得を考えない」領域である。

親友・心の友は、信用と信頼で結ばれている。

それも強い絆ではあるが、信用や信頼といったものは、損得がベースになっている。つまり、親しい間柄であっても、この関係性は自分にとって損だと判断した瞬間に、その信用と信頼は壊れてしまうものである。

それに対して、魂友・真の友は、損得を考えていない。

飛行機の中で、丸二日も、本田氏を説得し続けた藤沢氏には、自分の損得勘定などとうに超えた信念があったはずである。本田氏とともに、戦後日本と本田技研工業を発展させていきたいという情熱である。

いっぽうの本田氏も、丸二日も飛行機の中で説得され続けたら、普通はたまったものではない。技術者の自分には創りたいものもある。それでも藤沢氏の主張に耳を傾け、

「どうしたらできるだろう」

と考えるに至ったのは、損得を超えた信念で互いに共鳴しあっていたからに他ならない。

二人は心を超えた領域の絆で結ばれていた、これが真の友である。私はそう考えている。


かくして、大ヒット商品「スーパー・カブ」が誕生したのである。

藤沢氏が、それが日本市場に受け入れられた時のインパクトをイメージしてこう言ったという。

「蕎麦屋の出前が片手で運転でき、若い女性がスカートを履いて乗れるようなバイク」

まさに、スーパー・カブは手軽さと馬力を兼ね備え、しかも低価格な商品として爆発的ヒットを記録した。


さらに、もうひとつ、興味深い逸話が残っている。

藤沢氏が、本田氏に会って自らの今後を決めるべく、初めて本田氏の自宅を訪れた時のことである。藤沢氏は当初、本田氏のことを「腑抜け」だと思ったという。

あきらめて帰ろうと思ったその時、本田氏の奥様「さち」さんが、冷麦を出してくれた。

藤沢氏はこの、さちさんの佇まいを見て、本田氏に人生を賭けようと決めたのだという。

さちさんは、その生涯を本田宗一郎に尽くした。本田氏にとって人生最高の真の友とは、奥様のさちさんだったのではないだろうか。奥様もまた、藤沢氏と同様に「魂友」だったのではないだろうか。

現代の夫婦で「魂友」といえる夫婦は、いったいどのくらいいるであろうか。

本田宗一郎氏と藤沢武夫氏の出会いと友情、そして突き抜けた成功は、まさに奇跡のようである。誰にでも訪れる出会いではないかもしれない。

しかし、人生にただ一人でも、このように、心を超えた魂の領域で繋がる「真の友・魂友」を持ちたいものである。

あなたにはそのような友がいるであろうか。

⑥登る山を決めよ「登る山によって全てが決まる」を知れ

私は、経営者向けの勉強会でよく「最初に登る山を決めよ」と申し上げてきた。

日本で一番低い山は、徳島にある「弁天山」で標高6・1メートルである。低さゆえに遭難者や行方不明者が出たことがないので「安心安全のご利益スポット」として知られているそうである。

日本で一番高い山は、誰もが知る「富士山」である。

では世界で一番高い山はどこか。ヒマラヤ山脈にある「エベレスト」である。標高は8848メートルを誇る。

弁天山に登るのと、富士山に登るのとでは、準備がまるで違う。富士山に登るのと、エベレストの山頂を目指すのでは、これもまた装備がまったく違うものになる。

つまり、どの山に登るかを決めることによってすべてが変わる。準備も変わり、友も変わり、資金も変わる。

これは、危機管理能力が実現を左右することを意味する。

最初に登る山を決め、必要な装備を着実に準備していくことが、成功の全てを決めると心得ることである。

⑦「社会的成功と人間的成功を錯覚するな」を知れ

「社会的成功」とは、事業の成功を通じて得られる名誉や、お金や、社会的影響力をいう。
大抵の人は最初に社会的成功を目指すものであり、それは間違いではない。
しかし「社会的成功」と「人間的成功」は、根本的に別のものだということは、知っていなければならない。

「人間的成功」とは、これまで申し上げてきたことでもお分かりのように**自分の命に代えてでも守りたい大切な家族や、真の友がそばにいてくれる**という成功である。

巨額の富を築いた上場企業の豪腕経営者が、臨終の折に、病院の特別室に家族すら訪れることなく、たった一人で息を引き取る。これは珍しいことではない。
まさに「社会的成功」だけで一生を終え、「人間的成功」を成すことができなかった人生である。

人間的成功のない人生は寂しいよ、というような、生ぬるい事を言いたいのではない。

2種類の目標の違い

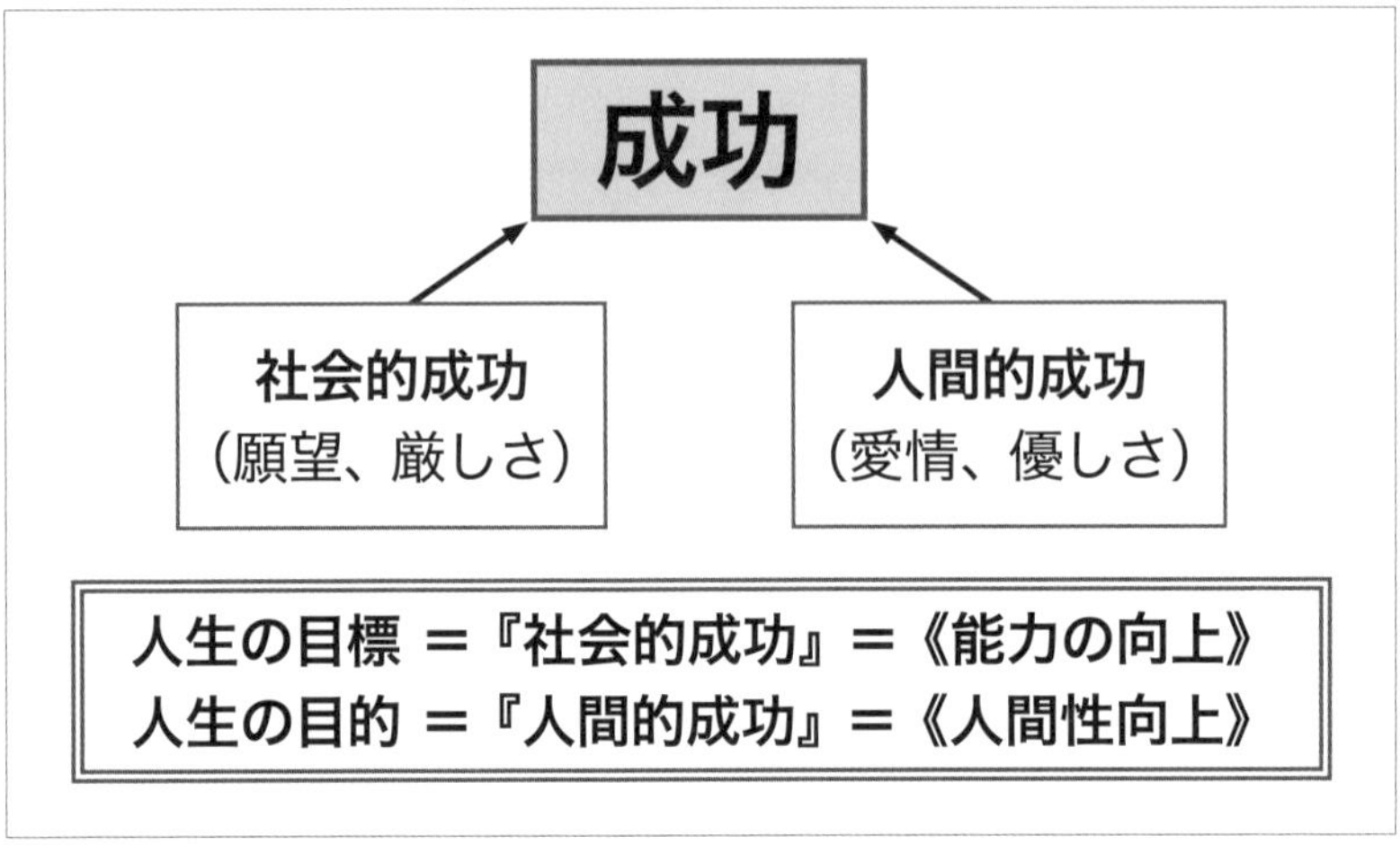

「社会的成功」とは、競争原則に打ち勝つことである。突き抜けた成功を目指すものにとっては、当然、目標とすべきものである。

それに対して「人間的成功」は、己の愚かさを知り、チェックするための目標なのである。

そして、この2種類の目標の違いを知ることが大切なのである。

「社会的成功」は、自らの願望や、自らの厳しさを鍛える。社会的成功のためには能力の向上が必要であり、それこそが人生の目標となる。

「人間的成功」は、愛情ややさしさを育む。人間的成功とは人間性の向上であり、そうであろう努力することが大切だ。これは、人生の目的である。

突き抜けた成功のためには、社会的成功を目指しどんどんアクセルを踏んでいっていい。同時に人間的成功を追い求める心が、ブレーキとなるであろう。

社会的成功において、ブレーキを踏む必要はない。

人間的成功でブレーキを踏むのである。

多くの人はこの違いをよく理解できていないばかりか、自分が目指す成功について錯覚を起こす。２種類の違いを混同したり、アクセルとブレーキを逆に踏んだりするのである。

⑧「愛は脳の究極の錯覚である」を知れ

脳の研究を続けて50年になるが、この事を告げるのには、ある意味、勇気がいる。

しかし私は断言する。愛こそ、脳の究極の錯覚である。

理由は、第2章の『錯覚の法則』と、第4章の生物学的な男と女の特性のところで、詳しく申し上げたとおりである。

人間の判断基準は、記憶である。しかし、意識ではどうすることもできない「憶聴」が、無意識下の膨大な記憶データを勝手に書き換えることはご説明申し上げた。

その結果、目の前の人が「素敵！」という錯覚を起こして、人は恋をするのである。

男性は、性欲から女性を欲する。女性は、女性ホルモンを分泌して、母性本能で男性を愛するようになる。


しかし、錯覚はそのうち冷める。特に、女性はホルモンが分泌されなくなり、結果として相手に母性を感じなくなる。そうなってしまったら、愛情を感じないどころか、周囲の一般の人よりも積極的に嫌いになってしまうのである。これが女性の本能である。


第4章でお伝えした、女性のホップステップジャンプ『乗り換えの法則』や、乗り換えられてしまった側の男性の人生の明暗など、思い出してもらいたい。

そして、『下限の法則』もお伝えした。自分の年齢を2で割って、そこに8を足した数が、男女問わずパートナーの年齢の下限である。これは適当に申し上げているのではなく、脳が学び成長している時期がこれ以上開いてしまうと、うまく情報伝達ができないのである。脳科学的に根拠のある数字なので、ぜひ参考にしていただきたい。

これらを踏まえて、『突き抜けの法則』でお伝えしたいことは、

「人生一回、究極の錯覚を求めて、その錯覚をエネルギーにせよ」

ということである。

こう申し上げると、

「よーし！　今夜も究極の錯覚を求めて、新しい恋を探しにいくぞ！」

と、エネルギーを充満させる困った人もあるかもしれない。しかし「英雄、色を好む」。それも、突き抜けた成功を目指す者の性質の一片なのかもしれない。

しかし、突き抜けるものは、恋と愛は根本的に違うということを、知っていなければならない。

漢字としての「恋」と「愛」を見て、

愛＝心が真ん中にある「真心」

恋＝心が下にある「下心」

とはよく言ったものである。

実際に漢字の成り立ちを探ってみると、恋は人が惹かれあう様子を描き、愛は人が考え、振り向き、行動に移すさまを描いた象形であるという。

愛とは覚悟であり、恋とは都合である。

恋が、自己の欲望を伴う人間の自我の心であるのに対し、愛とは自己犠牲が伴う、人間の崇高な心である。

愛には見返りを求めない心があるが、恋には見返りを求める心がある。

しかし、結果として、不思議なことが起こる。

なぜか、

見返りを求めないはずの愛は「投資」となり、見返りを求める恋は「浪費」に終わるのである。

また、男性の本能を思い出せば、男性が求めるのは、質より量である。それは、種を蒔き、繁殖するために他ならない。だから性欲で女性を求める。言わばこれが「恋」であろう。

しかし、男性の染色体ＸＹには、その繁殖を成し遂げるために「女性を守る」本能が備わっていると申し上げた。いざ戦いとなれば、自分の命に代えても女性を守ろうとする。そういう相手に対する感情が「愛」である。

男の愛は「殉愛」なのである。

また、女性にとっての愛とは、母性である。無条件の母の「愛」なのである。

そして、その「恋」も「愛」も、全て錯覚である。結婚とは、錯覚を継続する努力をすることだと申し上げた。

さて、これらの事を明らかにした上で、あなたに問いたい。

あなたが、その錯覚を続ける努力をしてでも究極に守りたい「愛」は、どこにあるだろうか。その錯覚によって愛し続ける力をエネルギーに変え、より大きな成功を目指すことができる、そんな存在は誰であろうか。

「人間的成功」は、己の愚かさを知ることから始まるのである。

人生一回、究極の錯覚を味わっていきたいものである。

⑨「勉強の質が大切である」を知れ

「無知の知」とは、哲学の父、ソクラテスの言葉である。

文字どおりの意味でいうと「無知であることを知っていること」である。

つまり、自分がどれだけ知らないかと言うことを自覚することが大切だということである。

「知らないこと」そのものより、「自分がわかっていないということを知らないこと」のほうが罪深い。

「無知は罪なり」なのである。

世界的な科学者であるアインシュタインですら、このような言葉を残している。

「学べば学ぶほど、自分がどれだけ無知であるか思い知らされる。自分の無知に気づけば気づくほど、より一層学びたくなる」


学び続けることは大切である。しかし、その学びには質があることを知るべきである。

人間の知的欲求は、止まることを知らない。知らないことを知る喜びはとてつもなく大きい。しかし、何かを知っているということよりも、まだ自分には知らないことがあるということに気づき、謙虚な気持ちで学び続けることが大事だ。これこそが「無知の知」であり、望ましい学びの姿だといえよう。


少なくとも「無知」から「無知の知」を知るべきである。無知にはレベルがある。もう一歩踏み込んで言うと、無知な人にもレベルがあるのである。

無知な人は、無知な友が大好きである。無知はどこまでいっても、結果的に己の無知を暴露するだけである。

突き抜けたければ、あなたの周囲を見回してみるといい。自分の無知を知る、学び続ける人たちであろうか。それとも自分の無知を知らない愚かな人たちの集合か。

それがそのまま、現在のあなたの学びの質である。そして、現在のあなたそのものの姿なのである。

⑩「脳の判断には、科学的な感覚と宗教的な感覚で、ものを考える2種類がある」を知れ

脳が何かを判断する時には「科学的な感覚」と「宗教的な感覚」の2種類がある。突き抜けた成功を目指すものにとって、この脳の特徴をよく理解しておくことが大切である。

たとえば、センシティブな題目ではあるが「神はいるのかいないのか」という問題である。科学的な考えからいけば、神はいない、という結果が導き出されるだろう。

しかし、宗教的な考えでいうと、神はいる。

もうひとつ、統計的な考えというのがある。それは、統計的に考えたら神はいないかもしれないが、神を信じ祈る人の脳の多くは優しくなる、などである。

どちらが正しいか、間違っているかの問題ではない。人間の脳の判断には、この2種類があると知ることが大切なのである。

そして、実は、神がいるかいないかを追究することは、まったく重要ではない。

「神が、脳にとって大切」

ということを、知っていることが重要なのだ。

それは、脳の中に、神のバイパスを作ることが大切だからである。

数十年も前になるが、あるバスケットのプロチームを指導した時、私は選手たちにこう告げた。

「今日から、この体育館にバスケットの神様がいると思ってください」

選手たちは毎日厳しい練習を続け、さまざまなストレスと闘っている。そんな彼らが、毎日、体育館に入る時にバスケットの神様に一礼をするようになった。練習が終わればまた「バスケットの神様。今日も一日ありがとうございました」と感謝を述べる。

この年、このチームは日本一に輝いた。

果たしてバスケットの神様が実際にいるかどうかなど、問題ではない。ましてや、これは宗教でもない。それでいい。

脳の中に、神様の存在が自分を守ってくれるというバイパスを作ったのである。

同様に、私が指導を行った、日米で活躍したプロ野球選手も、グラウンドに足を踏み入れる前に必ず野球の神様に一礼をしていた。彼の中にも強いバイパスが作られていた。

それが神であろうと、なんであろうと構わない。脳の中に神を作ることが大切なのだ。それが自分の強さを確信させ、実際に強くなるのである。

日本はその点、古来から八百万の神を拝んできた国である。山の神、海の神、商売の神様、なんでも神様、トイレにまで神様、貧乏神や疫病神まで作ってきた国である。心の中に神様を作り、祈り拝むことは、幼い頃から経験してきた。訳も分からず、手をあわせなさいと言われてそうしてきた民族である。

そのことこそ、強みである。脳の判断には、科学的な感覚と、宗教的な感覚の2種類があることを知り、その上で使いこなしていくことが非常に重要である。

７つの鉄則

いよいよ『突き抜けの法則』の総本山である。

すべての成功は脳にある。

環境の枠、地域の枠、日本の枠、世界の枠を突き抜けて、人はここまで出来るのだという、これぞ究極の脳の法則である。

そこには、不可能と思う心、無理だと思うあきらめ、不安や恐怖などは一切不要である。


ここまで述べてきた『１０の基本原則』を踏まえながら、いかに現実の行動で実践していくか、その鉄則を述べる。

また、ここから本章の終わりまでは、突き抜けた成功を目指す経営者へ向けた内容のため、自分が今いる環境には合致しないと感じることもあるかもしれない。しかし、それで良いのである。学び続け、自らの「無知の知」を知ることこそ、自らが目指す成功への道標となるからである。

① 戒めの法則

最初に挙げる『戒めの法則』とは、甘えからの脱却である。

経営者はちょっとうまくいくと調子に乗る。調子に乗るのは、ツキの波に乗ることでもあるから、悪いことではない。しかし、図に乗るのは最悪である。それは「甘え」でしかない。

もし、リーダーの脳に甘えがあれば、その組織は何をやっても突き抜けることはできない。

この点において、無知でいい加減な経営者がいかに多いことだろう。

以下は、自らの甘えを戒めるために、実践していただきたいことである。

■比率の法則

世の中は、突き抜けられない人がほとんどであると申し上げた。

99・99%：0・01%の比率である。

ここで考えたいのは

真に正しい者の答えは、圧倒的多数の間違っている者の比率に負ける

ということである。

つまり、突き抜けられない９９・９９％の人の脳は、突き抜ける０・０１％を否定したり批判したりするだろう。それは、突き抜けられない脳が、自分が突き抜けられないことを正当化しているに過ぎないのである。

ゆえに、あなたは、突き抜けられない脳の人を意識してはいけない。同化しないことである。いい加減で図に乗るだけの経営者に同化してはいけない。

そのためには、「真の友」と言える仲間を探さなくてはならない。成功者に必要な友と、一般人に必要な友は違うことを知らなくてはならないのである。

「比率の法則」から学べることは

０・01％の友を探せ

ということである。

■天運の法則

天運の法則は、経営者としての「責任者必携」である。必ず心得ていなければならないことについて、拙著『天運の法則』（現代書林）にて詳しく論じさせていただいた。

この『突き抜けの法則』においても、天運の法則は重要な理論の根幹をなす。ここでは、その一部であるが、突き抜ける上で最も大切なことを抜粋してお伝えする。詳細はぜひ、拙著『天運の法則』を参照されたい。


人間には、天が与えた使命がある。

それは、お金よりも大切なものであり、時として、命を懸けてやらなければならないことである。

その中で、最も大切なものは、命を伝承することであり、思想を伝承することである。

「命の伝承」は、すなわち、先祖から受け継いだ命ということだ。


うまくいっている会社の経営者は、すべからく先祖を大切にしている。それは、大切なのは金儲けではなく立派な人間になることだと、先祖がその生き様で教えてくれているからである。先祖の有り難さに気づき、先祖に感謝しているからなのである。

自分の命の２０代先をさかのぼると、実に１０４万８５７６人の先祖がいることになる。そのうち誰一人欠けても、今の自分は存在すらしなかったのである。これだけでも、先祖に感謝して余りある。

その点において、現代人は、とても不幸になった。せいぜい、自分の３代前（祖父母）と３代後（孫）しか知らないという人が増え過ぎた。実は、そのことが、とんでもなく自己中心的な人間を増やしているのである。

突き抜けた成功を目指すものの脳にとって、己の存在を天に問いかけることは非常に大切である。

何のために、経営をしているのか？
何のために、仕事をしているのか？
何のために、生きているのか？
なぜ自分は生きているのか？

その問いに答えをくれるのは誰か。

それが、先祖なのである。

あなたが、その命を懸けて、この世に伝える大切なものは何であろうか。そのように伝承・伝達を考える経営者になると、自分の中の信念が増していく。そして、脳は、お金より大切なものを考えるようになるのである。

そして、真の喜びとは、人の命が喜ぶことだと、考えるようになるのである。

そこに人間の使命がある。

だからまず、何よりも先に、己の先祖に誇りを持たなければならない。そして己の命に誇りを持たなければならない。

■先祖の歴史を調べる

急に、「先祖に誇りを持て」と言われても、具体的にどうしたら良いのかわからないという人は、今の時代には多いことであろう。私は、経営者の勉強会で必ず伝えてきたことがある。

それは「自分の先祖の歴史を調べよ」ということである。

最低限、**直系の５代前までの先祖を調べ、家系図を作成する**のである。

先祖の調べ方は、主に以下のようなものがある。

・戸籍を収集する
・菩提寺の過去帳を閲覧させてもらう
・「宗門人別改帳」が保管されているところを探す

まず、誰でもすぐ行えるのが、戸籍の収集である。わかる限りの先祖（父母、祖父母など）が住んでいた役所の窓口に行き、

「辿れるだけの除籍謄本」

の発行を依頼すると良い。ただし、取得できるのは明治１９年以降の戸籍のみである。発行を依頼する際に、書類に発行理由を記載する箇所があるが「家系図作成のため」と書けば問題はない。料金に関しては、各地域や状況によって違いがある。


続いて、菩提寺の過去帳である。

先祖代々の墓がある菩提寺には、檀家の家族の戒名、俗名、没年などが書かれた「過去帳」がある。これを見せてもらうことで、だいたい7～10代前ぐらいまで先祖をさかのぼることができるであろう。

これで調べられなかったり、さらに詳細な調査を必要とする場合には、「宗門人別改帳《しゅうもんにんべつあらためちょう》」を探すという手がある。

宗門人別改帳は、江戸時代の戸籍と言われるもので、現在の戸籍制度の元となった。しかし、先祖調べの観点からいうと、その地域の資料がどこにあるか不確かであり、見つけることも困難であるうえに、たどり着いたところで自分の先祖に関する記述が見つかるかどうかも定かではない。

しかし、もし見つけることができれば、江戸時代中期から、現代の戸籍につながるところまでの代々の当主の名前や、生没年、宗旨、石高なども判明する。妻や母の名前はわからないまでも、その他の家族関係も判明する。兄弟が何人いたか、奉公人がいたか、養子に来る前はどこにいた、など、先祖の暮らしぶりが詳細にわかることもある。これを過去帳と照らし合わせると、かなり詳細な直系系図が出来上がるであろう。

ただ、申し上げたように宗門人別改帳は、特定の保管場所が決まっていない。地域の資料館や、大学などの関係機関、図書館、公民館や自治体の倉庫、個人や寺などの個人保管など、さまざまである。そのため、捜索は困難であり、閲覧させてもらうまでにもさまざまなハードルがある。先祖を調べるために宗門人別改帳にたどり着けた人は、わずか1割ほどだというが、可能であればぜひ挑戦をしていただきたい。

直系家系図ができたら、同時にその時代の地域の歴史を調べてみよう。地元の郷土史や、歴史資料館の文献を調べることで、先祖の暮らしぶりに繋がるヒントが得られるかもしれない。また、先祖が地元の有力者だった場合には、神社や氏神を調べることで、先祖が多額の寄付をしていた資料や石柱が見つかるかもしれない。

このようにして、先祖を紐解きながら、その存在を身近に感じていくのである。

また、先祖を調べているうちに、中には「不名誉な人生」を送った先祖もいるかもしれない。時代背景的にも、ある程度考えられることではある。

そのようなことは、あまり気にする必要はない。はっきり言えば、先祖の良いところだけ、自分が気に入ったところだけ、覚えていれば良いのである。

しかし、これだけは忘れてはいけない。どんなことをした先祖であっても、あなたの今の命を繋いでくれた一人であることに間違いはない。先祖に感謝することに、違いはないのである。

こうして先祖が生きた時代背景や、その地域の歴史、そこでの生活を紐解いていくと、連綿とあなたに繋がれた命が見えてくる。

これこそ、あなたが今、何のためにここにいるのか?という問いかけに、天が答えてくれるものである。そして、きっと、あなたという人が果たすべき使命を教えてくれるに違いない。自らを常に戒め、甘えを正してくれるのは、己の命に誇りを与えてくれる先祖への感謝なのである。

実行したものだけに、天は答えをくれる。必ず取り組んでいただきたい。

さらに詳しく知りたい方のための推薦書籍
『天運の法則』西田文郎著／現代書林

②Ｎｏ．２理論

『突き抜けの法則』７つの鉄則、２番目は「Ｎｏ．２理論」である。

「Ｎｏ．２理論」については、２０１２年に同名書籍を出版して以来、多くの経営者に学んでいただいた。Ｎｏ．１を目指すならば、「Ｎｏ．２理論」を知らなければ話にならない。もっとも大事な成功法則なのである。

「Ｎｏ．２理論」は、会社の業績を伸ばす絶対条件である。

伸びる会社は、その会社のＮｏ．２と新人を見れば、一目瞭然である。社長がいくら利口でも、Ｎｏ．２が「ある絶対条件」を兼ね備えていない組織は、絶対に伸びない。

本項目では、『突き抜けの法則』におけるＮｏ．２の絶対条件についてお伝えする。

■Ｎｏ．２の条件

優秀なＮｏ．２とは、社長の意図に沿って考えて行動できる人物である。Ｎｏ．２がＮｏ．１をナメているような組織は、いずれ必ず崩壊する。

Ｎｏ．２に必要なのは

「Ｎｏ．２としての自覚」

「Ｎｏ．２としての努力」

「Ｎｏ．２に必要な能力」

の３つである。

Ｎｏ．１のトップマネジメントに必要な能力とは、経営能力であり、将来の展望と経営戦略の実行力である。

- **概念化能力**
- **洞察力**
- **問題発見解決能力**

などがそれにあたる。

一方、Ｎｏ．２として必要なマネジメント能力は、以下の５つである。

１．リーダーシップ
２．コミュニケーション能力・誘導能力
３．プレゼンテーション能力
４．調査能力
５．交渉力

Ｎｏ．２に必要なのは、事業主の経営と経営戦略の遂行である。事業主のために動き、経営戦略のために能力を発揮することである。

また、Ｎｏ．２としての自覚に必要な心得を、７つ挙げてみよう。

１．トップの考え方を徹底的に理解せよ
２．「自分の美学」を捨てよ
３．Ｎｏ．１に心底惚れよ

4．どうしても惚れられなければ尊敬せよ

尊敬できなければ、せめて好きになれ

好きになることもできなければ、仕方ないから形だけでも徹底的にＮｏ．１を立てよ

5．愚直であれ。とことん愚直であれ

6．大いなるイエスマンであれ

7．トップにヒントを与えて積極的に動ける黒子になれ

Ｎｏ．２の絶対条件とは、これらの必要な能力を備え、心得を胸に、たゆまぬ努力を惜しまぬ人である。また、Ｎｏ．２のこれらの能力を見極め、正当に評価することが、Ｎｏ．１として成すべきことなのである。

■Ｎｏ．２の役割

良いＮｏ．２は、伸びる会社をつくる。

悪いＮｏ．２は、伸びない会社にする。

世の中には、会社は星の数ほどあるが、そのほとんどが潰れていく。また、存続はしてい

ても伸びていない会社が驚くほど多い。

それには明確な理由がある。

潰れる会社は社長が悪いが、伸びていない会社は間違いなく、Ｎｏ．２が悪いのである。


Ｎｏ．２の役割は、トップに対する名補佐役でなければならない。補佐役というものは、自分の美学など捨てなければならない。いつの時も、トップを支える立場でなければならないのである。

それは同時に、**「トップに何かをさせる役割」**ということでもある。だからこそ、トップに対する**忠誠心と誠実さ**が必要なのである。


同時に、Ｎｏ．２は、**組織内観察員の役割**を担う。Ｎｏ．２が悪ければ、組織は崩壊する。

先出の、本田宗一郎氏の名参謀と呼ばれた藤沢武夫氏は、組織におけるＮｏ．２のお手本として知られるが、当時ともに仕事をしていたホンダ幹部は、のちに藤沢氏についてこんなふうに語っている。

「実質的に会社を経営していたのは藤沢さんだった。
自分の過去については、一切語らない人だった。
角刈りで、得体の知れない怖さがあった。
藤沢さんが仕事場に現れると、職場の皆にピーンと緊張感が走った」

幹部ですらこう感じたのだから、一般社員にはとてつもない緊張感を与えていたに違いない。

組織全体がNo．2の存在を認めるまでになるには、No．2はNo．2たるための努力が必要である。

一般に、No．2には4つのタイプがいる。以下に挙げてみよう。

1．能力がなく、自己犠牲能力がある

2．能力があり、自己犠牲能力がある

3. 能力がなく、自己犠牲能力もない
4. 能力があり、自己犠牲能力がない

さて、この中で最も良いＮｏ．２は誰であろうか。

一番悪いのは、４の「能力があり、自己犠牲能力がない」要領ばかりがいい人間である。

実は、４つのタイプのうち最も重用するべきは、「１」の「能力がなくとも、自己犠牲能力のある人間」である。平凡な素質にもかかわらず、非凡な努力をする人間に信頼を置くべきなのだ。

彼こそ、困難と闘おうとする意思の力を持っている人間であり、最強のＮｏ．２である。

トップに惚れてのめり込んでくれる、素直な能力の持ち主である。

■No．2の評価

トップとして、Ｎｏ．２の実績を考課し、正当に評価することは非常に重要である。

組織はＮｏ．２次第である。その視点から「トップのサポートがどのように、どの程度できているか」の考課を行う必要がある。

以下は、Ｎｏ．２の実績考課表の例である。これを元に、自社のＮｏ．２の評価を行うことをお勧めする。

【真のNo. 2実績考課表】

- トップに対し忠誠心を発揮しているか
- 自分の美学は捨て切って、仕事に挑んでいるか
- トップに気を遣わせず、トップに気を使い切っているか
- トップが喜ぶ新しいアイディアをトップに提供できているか
- 現場の意見や流れをトップにしっかり報告しているか
- 組織の監査役として、部下を統率する役割がしっかりできているか
- 常にトップの考えを徹底して部下に伝えているか
- 部下及び自身の適切な時間管理を行えたか（全ての部下の見本）
- 管理、経営、統率などの職務遂行は信頼のおけるものであったか
- 言動はトップに充分認められるものであったと思うか
- 法令、規則を守り、No. 2の良識を持って行動しているか
- No. 2にとって一番大切な自己犠牲能力は、完璧であったか
- トップから見て、評価に値する最高のNo. 2であったか

■Ｎｏ．２に惚れられるＮｏ．１になる

これだけの力量を持つＮｏ．２に惚れ抜いてもらう。

そういうＮｏ．１に、あなた自身がなることである。

実は、それこそが、突き抜けた成功のための絶対条件なのである。

だからこそ、あなたは時の波を読み、ツイてツイてツキまくらなくてはならないし、苦しみの中から強運を手にする必要がある。本書に著した法則のすべてで、人間を磨き続けることである。

努力を惜しまず、ツキがあり運に恵まれている人は、大成功をする。

また、ツイてる人を引き寄せる。さらに、人をツイてる人にしてしまう。

そして、すべてに心からの感謝の感情を持ち、運を大事にする。

学びの心を持ち、学びを結果にし、苦しみの中から出会ったものに真理を見出し、その気づきを宝と思える。

そのような人だから、Ｎｏ．２も、部下たちも、あなたを徹底的にサポートしようと思うのである。

成功とは、責任である。

社会に、顧客に、社員に、地域に、お金に、言動に、重い責任を負っているのである。

大成功とは、大責任なのだ。成功者とは重い責任と戦う人間である。成功する人とは、責任を果たす人である。


そして、もうひとつお伝えしよう。

成功者は、感動を知っている。

成功する人はどんな分野においても、感じる能力が高い。感動して、ワクワクとチャレンジをする人である。自分自身を感動させることも上手く、他人のことに感動する能力も高い。

理屈より感動が大事である。それは感動がどれほどのパワーを与えるか知っているからだ。

だから仕事に感動できない人を嫌う。感動が信念を作ることに気がついているからだ。

そして、共に感動できる友を持っている。


感動力こそ、行動力なのである。

このようなＮｏ．１ならば、最強のＮｏ．２は喜んであなたのために自分の人生を差し出してくれるであろう。

やはり、すべてはあなたの脳にあるのだ。

さらに詳しく知りたい方のための推薦書籍
『Ｎｏ．２理論』西田文郎著／現代書林

③ 職場の環境整備

組織とは、左のような、ピラミッドで形成されている。

本項では、ミドルマネジメント、ロワーマネジメント、一般社員に対する職場環境の整備について述べる。

『突き抜けの法則』７つの鉄則にこの「職場の環境整備」を挙げるのは、他でもない。突き抜けるためには、会社の「質」を整えなければならないからである。

質とは、つまり、職場の社員の質である。

しかし、一人一人の心の質に働きかけていくのは、大変困難なことだ。そこで、まず「形」を整え、「心」に働きかけていくことが大切なのである。

それがつまり「環境整備」である。

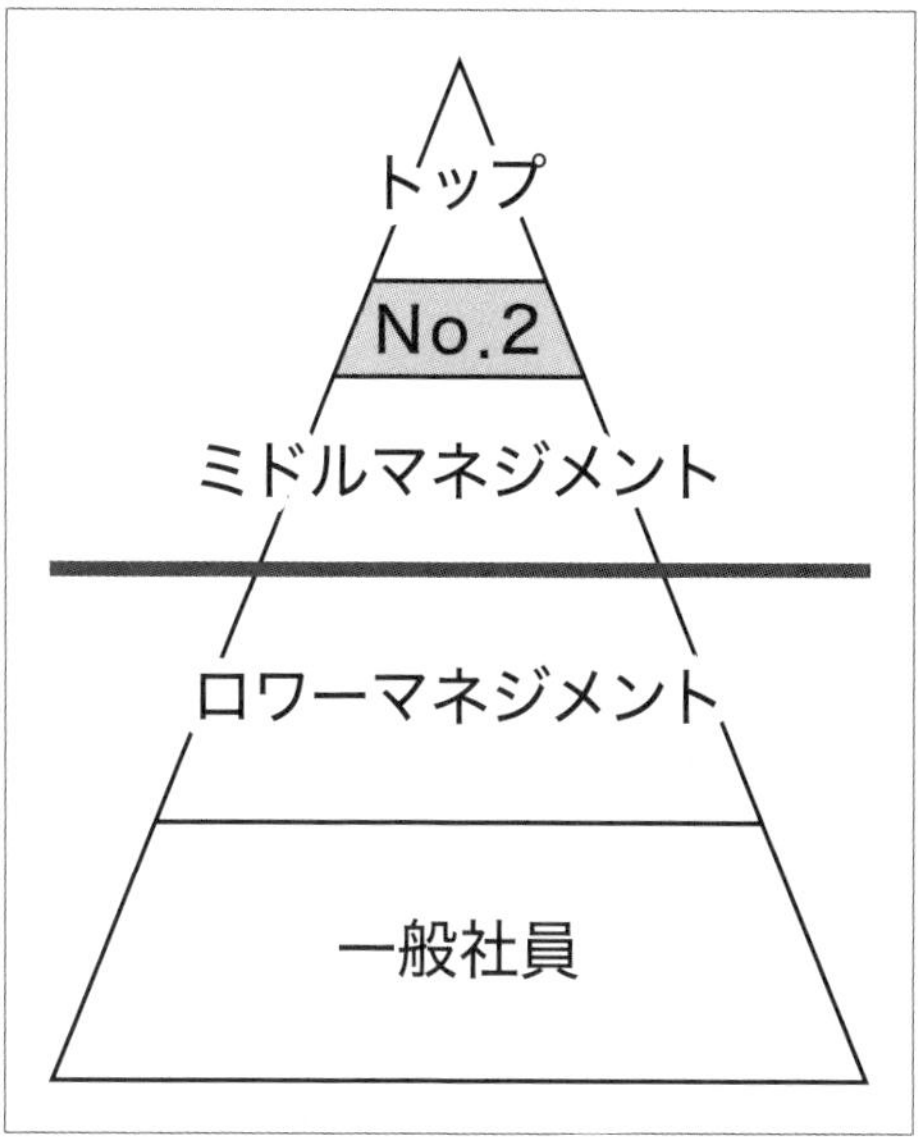

具体的に言えば、

・**整理**
・**整頓**
・**清潔**
・**礼儀**
・**規律**

である。これで形から心を整え、職場の当たり前基準を引き上げていくのである。

職場の環境というものは、「たった一人の

愚かな人間」が壊すことを忘れてはいけない。だからこそ、これらのルール化が大切なのである。

ここでは、No.2の下にいるミドルマネジメント層と、その下部であるロワーマネジメント層の力が必要である。

ミドルマネジメントに求めるものは、中間管理職としての質と、決定事項をいかに確実に実践するかという点である。

ロワーマネジメントがその決定事項について、現場を直接指揮して業務を遂行し、統率を行う。ロワーマネジメントがいかに業務を遂行させるかということが、つまりミドルマネジメントの腕次第ということになる。

経営者は、この機会にぜひ、自社のマネジメント体制がこのようにうまく下に流れ、統率がはかられているかを確認していただきたい。

仕事をやりやすくする環境を整える

さて、職場の環境整備とは、わかりやすく言うとことである。

重ねて言うが「形から心」である。

社員の心、つまり**社員の脳を、変えていく**のである。

具体的には、まず、整理・整頓・清潔・掃除の徹底である。それらを徹底することによって、無駄に気づき、仕事の効率化を図ることができる。そのプロセスによって、社員の脳が次第に変わっていく。

また、環境整備には「３つの定まり」がある。それは、

定品　＝決まったものが
定位置＝決まった場所に
定量　＝決まった量置かれている

状態である。これができているかどうか、社内を確認していただきたい。

また、環境整備は毎日行うことが大切である。

私は、朝礼後の毎日１５分間の環境整備をすすめている。

ただ掃除をするだけでは足りない。毎日欠かさず実施することによって「業務の見える化」と「改善」を**習慣化**するのだ。

そうすることによって、環境整備はただの掃除や整理整頓ではなくなる。

仕事のやり方を学び、気づく人を育て、円滑なコミュニケーションの環境に整えていくことになる。

具体的な環境整備活動の作業項目を挙げてみよう。

- **床のワックスがけ**
- **商品の向きを揃える**
- **注意物表示の作成**
- **掃き拭き掃除**
- **資材補充**

他にもさまざまにあるだろう。ぜひ、自社で実践していただきたい。

この時、注意していただきたいのは、環境整備活動は必ず、業務時間内に行なわれるものであることだ。業務時間内ではあるが、会話はしても良いとする。

少人数のチームに分かれて担当の場所を決めれば、そこがコミュニケーションのとりやすい環境にもなる。

細かいことだが、共通の道具を使い、やり方も揃えることが大切だ。

そして、大切なのは「トップによる環境整備点検」である。

毎月1回、トップ自らが全拠点・現場・事務所を残らず巡回し、チェック項目に従って隅々まで点検を行う。ミドルマネジメント、ロワーマネジメントの点検状況も確認する。

点検項目も点検日も、年間カレンダーで決めて、計画に基づき毎月実施すると良いだろう。

これらが、組織のすべての人材の脳に働きかける、もっとも良い方法である。形から入って、それを毎日継続していくことで、心を整えていくのだ。

心を整えるとは、何か。すでに本書をここまでお読みくださったあなたなら、わかるはずだ。脳を変えるのである。

毎日環境整備に取り組むことによって、社員たちの脳は、どうしたらもっと仕事がしやすくなるか考えるようになる。自ら意識するしないに関わらず、脳はしだいに

「業績アップにつながる脳」

へと成長していくのである。

突き抜けは、トップとＮｏ．２だけでは成し得ない。組織全体を、突き抜けを目指す脳の集団にするために、職場の環境整備にぜひ取り組んでいただきたい。

④心の環境整備・他喜力

ここでは、突き抜けた成功を成し遂げるために必要な「心」のつくり方、育て方について述べる。

組織全体に波及させたいものではあるが、まずは、トップ自らがいかに心の環境整備を行っているかどうかが大切である。

■脳のティーアップ理論

まずは、すぐに組織で取り組めることからお伝えする。それは、脳のティーアップ理論で

ある。

ティーアップとは、ゴルフ用語で「ボールをティーに乗せること」。つまり、ボールを少し上げ、打ちやすくすることを意味する。営業活動において、自社や自社商品を少し持ち上げて紹介することを「ティーアップする」と用いたりするが、私が考えるのはそのような意味ではない。

脳をティーアップするのである。

具体的には、すべてにおいて

・プラスイメージ

・プラス感情

・プラス思考

を持つことだ。そうすることによって、扁桃核が「快」のイメージを認識し、プラスイメージの記憶が形成される。それが、突き抜けるための行動力を起こすことは、既にご説明申し上げた。

これらのプラスイメージ、プラス感情、プラス思考をつくるものは何であろうか。

それは**「言葉」**である。

肯定的言葉は良薬であり、否定的言葉は猛毒であることを知っていただきたい。しかも猛毒は無意識のうちに、脳に、組織に回っていくから恐ろしい。

つまり、常日頃から、あなた自身が、組織全体が、肯定的な言葉を使うことによって、すべての出来事を「ティーアップ」し、プラスに持ち上げていくことが大事なのである。

心の環境整備とはすなわち、無意識のうちにマイナスのイメージや思考、感情になっている人間の脳をプラスにコントロールし、人間の潜在能力の開発と精神面の強化を図ることである。

そして、その訓練方法として『他喜力』に勝るものはない。

■他喜力とは

『他喜力』とは、他人を喜ばせる力である。私の造語である。

近江商人に伝わった「三方良し」の哲学をご存知だろうか。近江商人とは近江国（現在の滋賀県）出身の商人で、近江を拠点に他地域に進出して活躍した人々のことである。大阪商人・伊勢商人と並ぶ日本三代商人と呼ばれ、現在でも滋賀県出身の企業家を俗に近江商人と言ったりもする。つまり、非常に商才に長けた人々であった。

その近江商人たちが代々家訓としていたのが「三方良し」である。「三方良し」とは「商人とは『売り手よし、買い手よし、世間よし』の「三方良し」でなければならない」というものである。ただ売るだけの商いでは駄目だと言うことだ。つまり

売り手よし＝売り手が儲かっているか？
買い手よし＝買い手が喜んでいるか？
世間よし　＝世間に貢献できているか？

の三方を同時に実現してこその商人だということである。自分だけ儲かれば良いのではなく、すべての人の幸せにつながってこその商売だということである。

これは『他喜力』の真髄である。

人には、**２種類の幸せ**がある。それは

・自分自身を喜ばせる幸せ
・自分以外を喜ばせる幸せ

である。

自分自身を幸せにするということは、自我の欲求である。

・自分自身を喜ばせることを実現した、という幸せ
・自分の考えた、思い通りの結果を出して満足する幸せ
・競争原則に打ち勝ち、自分が欲する物を手にいれる喜び
・自分の自我の欲求を満たす行為

これらの喜びを味わったことのある方は多いであろう。しかし、そのうち気づいたのではないか。

自我の欲求が満たされ続けると、**「いずれ飽きる」**ということを。

しかし、真の幸せには、限界がないのである。

限界のある幸せと、限界のない幸せ。あなたならどちらを選びたいか。

それが「自分以外を喜ばせる幸せ」である。自分以外を幸せにするということは、自己実

現の欲求である。

自分以外を幸せにするとは

・自分以外の人を喜ばせることを実現した、という幸せ
・自分以外の人が幸せになり、それを見て満足する幸せ
・己を犠牲にしてでも、自分以外の人を幸せにする喜び
・自分以外の人を幸せにするという使命感を満たす行為

これらは、どこまで行っても飽きることのない、無限の幸せであり、真の幸せなのである。

『他喜力』は他人を喜ばせる能力である。他喜力は「他気力」でもある。相手を喜ばせることだけを考えた結果、とんでもないツキと成功を引き出す能力なのだ。

人類への他喜力が、素晴らしい発明や発見を生む。
国民への他喜力で、国民がより幸せになる。

消費者への他喜力で、ヒット商品が誕生する。
お客様への他喜力で、お客様が集まってくる。
上司への他喜力で、自分がとても優秀な人材になる。
部下への他喜力で、仕事の生産性が上がる。
配偶者への他喜力で、素晴らしい夫婦になる。

他人を喜ばせる者こそ成功者となる。失敗者は自分だけ喜びたい人間である。

そして、どうやって他人を喜ばせようかといつも考えていると、肯定的な言葉しか出てこないものである。プラスのイメージ、プラスの感情、プラスの思考だけが脳を駆けめぐる。また逆を言えば、常にプラスの言葉を使おうと訓練することによって、脳に『他喜力』が備わっていくのである。

もう一つ大切な、３つの能力がある。

「運感力」＝自分は運がある、と感じる力
「喜感力」＝人様を喜ばせようとする力（＝他喜力）
「恩感力」＝人から受けた恩を感じる力

この3つを「三感力」と名づけている。

自分の運を感じる「運感力」があると、己を信じることができ、信念を持つことができる。己の信念に執念を持ち、すべてを自信に変えることができる。

人を喜ばせる「喜感力」があれば、人を幸せにすることができる。どうしたら人を喜ばせることができるかと考えることは、脳を非常に集中させる。その結果、今までにないアイディアやひらめきを起こす。

恩を感じる「恩感力」がある人は、素直な心と感謝の心を持つことができる。私利私欲を捨て、使命感と責任感を持つことができる。

つまり、三感力に生きることとは、これらの能力を持ち、大成功するということなのである。

さらに詳しく知りたい方のための推薦書籍

『他喜力（新版）』西田文郎著／清談社

■強運になる『10人の法則』

人は誰でも、必ず人様からお世話になり、現在の自分がある。

運のある人というのは「恩感力」がある。

つまり、お世話になった人への恩義を感じる力であり、人様からいただいた恩を感じる力である。

しかし、運のない人間というのは、その受けた恩をありがたいと感じず、恩に報いようとしない。その結果、運のない人生を歩むのである。

私が提唱している『10人の法則』は、突き抜けの法則においても、重要な役割を果たす。

これまで、勉強会や書籍などで『10人の法則』を知ってくださった方も多いかもしれないが、いま一度、自分の現在を形づくってくれた「10人の恩人」を思い浮かべていただきたい。

『10人の法則』とは、10人の恩人に報いることである。

両親、祖父母、先生、社長。上司、取引先、辞めた会社、さまざまな恩があるはずである。その恩を感じる「恩感力」がいざという時の最強力を発揮する。恩を大切にすることこそ、「最強の運」を呼び起こすのだ。

私が提唱した『10人の法則』とは、感謝すべき10人を挙げ、その10人に1年以内に必ず実際に会って感謝を伝えなさい、というものだ。それが脳に劇的な働きかけをし、人生が変わるというノウハウである。

本書において、突き抜けた成功をする上で、さらに考えを深めていただきたいことがある。

それは、恩ある10人と、良い別れかたをしたか？ ということである。

恩人の中には、もう鬼籍に入られた方もあるかもしれない。また、人生においては、別れのその時に充分に思いを伝えられなかったり、あるいは当時の自分には恩を感じる力が足りなかった、という事もあるだろう。

人は出会いの数だけ別れがある。実は、出会いよりも別れが大切なのである。

この、人との別れには「良い別れ」と「悪い別れ」がある。人にとって、良い出会いはもちろん大切だが、実は良い別れはもっと大切なのだ。

良い別れとは、すなわち、恩を大切にする心なのである。

良い出会いはツキを呼び込むが、良い別れは運を呼び込む。恩ある10人との別れを思い起こしてもらいたい。あなたは良い別れをしているだろうか。

間に合うのであれば、もう一度『10人の法則』を実践してもらいたい。そして、良い別れをしてもらいたいのである。

さらに詳しく知りたい方のための推薦書籍
『１０人の法則』西田文郎著／現代書林

■自分の殻を破る方法

自分の心の環境整備をするうえで心がけることは、自分の器を広げることである。器とは、人間の能力や人柄である。

人は、自分の器以上のものには決してなれない。

自分の器を広げたいと思ったら、やるべきことはまず、自分より、はるかに大きなものや偉大なものに目を開くことである。そうしなければ、いつまで経っても自分の枠から出られない。

すべての人間は、自分の器の枠内で物事を判断している。成功するには、その「己の殻」

を破ることから始めなくてはならないのである。

人間の器とはなんであろうか。

人の器というのは、その人がそれまで経験してきた実績と、その時に何を思考したかによって作り上げられている。

つまり、その器を磨くためには、これからの実績と思考が重要である。ここまでお読みくださったあなたなら、もうおわかりだろう。自分の器を磨く絶対必要条件、それは、何があってもプラス思考で強気でいることである。強い志で殻を破るのである。

今の器を潔く破り、新しい器を作ろうではないか。

そして、新しく広い器を作るために、もう一つ大切なことがある。

それは「徳を積む」ということである。

徳には、「陽徳」と「隠徳」がある。陽徳は、世間に知られた良い行いであり、隠徳は、誰に知られずとも行う徳である。

寄付をするという行為も、本当に徳のある人は誰にも言うことなく、常に行なっているものである。大っぴらに金品を配る行為は、陽徳ですらない。自己を顕示したい欲求だけである。ここで「人知れず徳を積むことになんの意味があるのか」と思う人のために伝えておきたい。

徳は、必ず返ってくるのである。

良い行いをすると、相手は喜んでくれるであろう。しかし、一番喜んでいるのは、実は本人の脳（心と魂）なのである。

特に、人知れず行う隠徳は、その人の器を最強のものにするのである。

本来、徳を積むことは、見返りを期待して行うものではない。自分の器を広げるために徳を積むべきだというのは、実は矛盾でもある。

それほど人は愚かなものだ。人は、常に、人に迷惑をかけて生きている。人は、人を裏切って生きている。大事なのは、己の愚かさに気づかなくてはならないということだ。そして、そこから出発しなければ、人は変わることはできない。

人は、大切な人に迷惑をかけ、大切な人を裏切り、大切な人に嘘をついて生きている、地球上で唯一の生物である。人間ほど罪深い生き物はない。

その罪深い己から逃げずに、その己を直視し、愚かな己を認め、悔い改めることができた時、人は初めて

「何のために生きるのか？」

「何のために仕事をするのか？」

「何をしなければならないのか」

が、はっきり見えるようになるのである。

ここでも「形」から「心」を整えるのだ。そのために、まずは、徳を積むことを心がけていただきたいと申し上げているのである。

■死を考え、強く生きる！

生きていくうえで、「死生観」ほど大事なものはない。

死生観とは、一般に、生きることと死ぬことについての判断や基準など、生死に対する考

え方のことを指す。

キリスト教や仏教など何らかの宗教を信仰している人ならば、死生観も宗教の影響を受けることが多い。宗教には、死や死後の世界について説いているものが多いからである。

また、事故や病気で生死を彷徨うような体験をした人の多くが「死生観が変わった」と言う。死を身近に感じたからこそ、思い至る心境というのがあるに違いない。

かつての日本には、死を「タブー」とする風潮もあったが、最近は「終活」という言葉も生まれ、自分の死に向かって前向きに準備をする人も多く見られるようになった。

人生の終わりをどのように迎えるかを考えることは、すなわち

今をどう生きるか

ということに他ならない。

突き抜けた成功を目指すものならば、死を考えたうえで、どのように人生を生きるかを決めなくてはならない。段階としては、

一．生を考える

二．死を考える

三．役割を考える

四．決断する

命とは、生きる時間である。命とは「時」なのだ。その人に与えられた、限られた時間なのである。

つまり、命は、その時間の使い方によって変わる運命にある。

時間とは、その人の使い方によって、天と地ほどの差が出てくることはおわかりであろう。時間は、誰にでも公平に与えられている恐ろしい財産なのである。その大切な財産を、有効に活用したものだけが成功し、良い運命を歩むのである。

あなたの時間は、あなたの命は、望ましい使い方をしているだろうか。

死から考え、強く生きて欲しい。

そして、あなたという人の真の値打ちは、臨終の時に答えが出る。

「臨終正念」という仏教用語がある。臨終の際に、心乱れることなく、執着の念にも苛まれることのない状態を指す。

この臨終正念の境地に至ることは、簡単ではないだろう。人は生きている時には誰でも自己中心で、自我があるものだ。それを「人生という修行の場」で少しでも良いものにして、臨終を迎えられたら幸せである。

人の値打ちは臨終の時である。臨終時が、あなたの人生の全ての答えである。最期を迎える時からさかのぼって、命の使い方をいま、ぜひ考えていただきたい。

⑤ 成信力と芯記憶

『突き抜けの法則』７つの原則も、いよいよ終盤である。

ここでは「成信力《せいしんりょく》」と「芯記憶」について述べる。いずれも、これまでの私の５０年にわたる脳の研究とスーパーブレイントレーニング（ＳＢＴ）によって、実践し成果を上げてきた考え方であり、私のオリジナルの用語である。

「成信力」とは、成功を信じる力である。

「芯記憶」とは、無意識の記憶、つまり、意識ではどうにもできない記憶である。

「成信力」と「芯記憶」は、密接な関係にある。

せいしんりょく、といえば「精神力」であるが、精神力という根性論よりも、脳に一番必要なものは「成功を信じる力」＝「成信力」である。

何があっても成功を信じる力、というのは、いったい、どのような力であろうか。

人生にはさまざまな敗北がある。挫折することだってある。

しかし、断言しよう。実は、先祖からいただいた遺伝子が、すべてを解決してくれるのである。

それが「魂」であり、魂に刻まれた「芯記憶」である。大切なのは、もし心が折れそうになっても、先祖から頂いた「魂」があるということを忘れないことだ。

「魂」という脳の「芯記憶」は、不可能を可能にしてくれる最強の力なのである。

「芯記憶」が、無意識の記憶であり、意識ではどうにもできない記憶だと申し上げた。ま脳は瞬時に三層全体反応!!

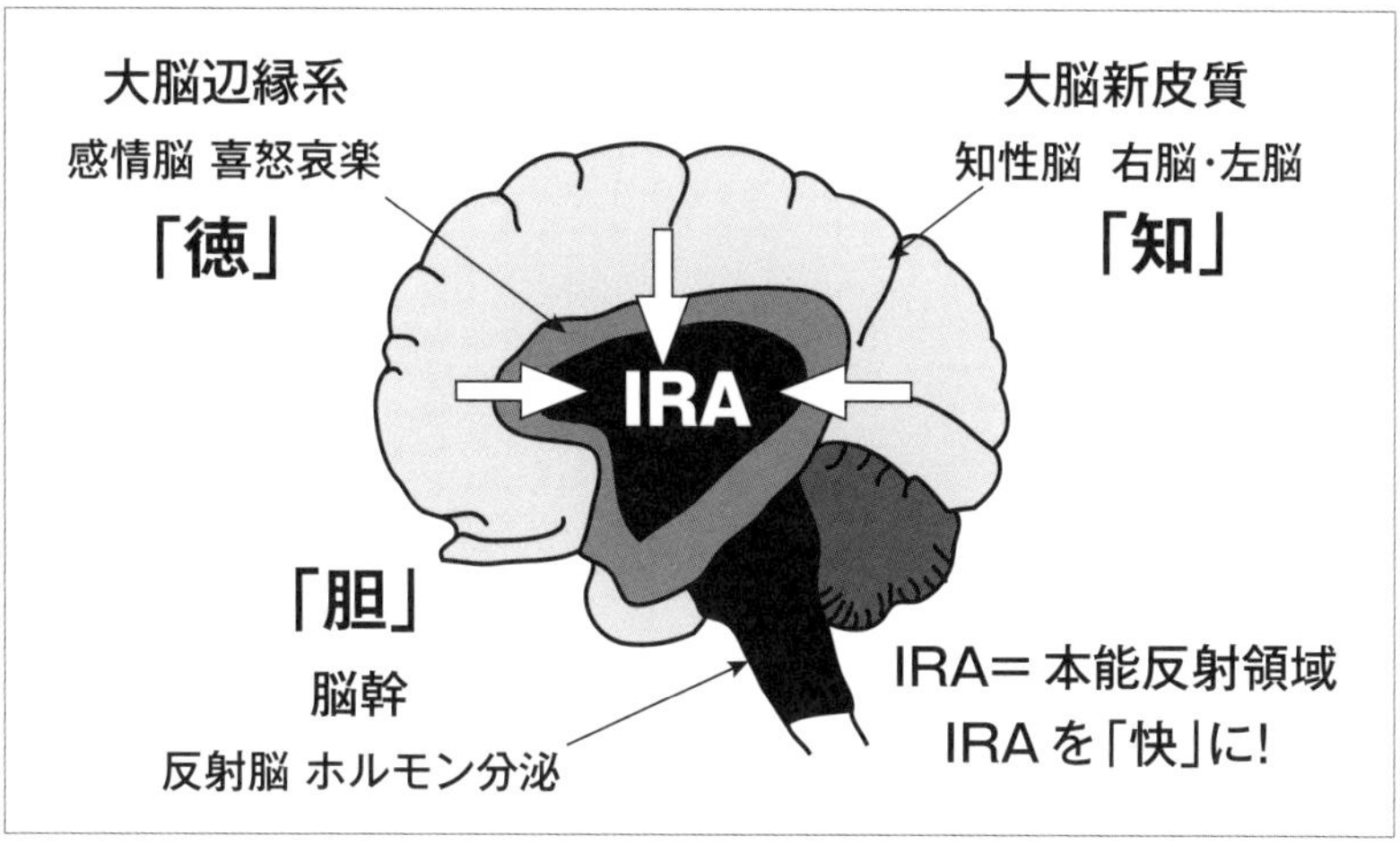

さに本能の記憶である。

何度も登場しているが、例の「３層の脳」を再び思い出してもらいたい。

「知」を司る大脳新皮質、「徳」を司る大脳辺縁系、そして「胆」を司る脳幹、３層の脳全てにアプローチする本能反射領域（ＩＲＡ）に、芯記憶も蓄積されている。

意識ではどうにもできない領域である芯記憶は、どう形成されていくのであろうか。

ひとつの例を紹介する。

宮本武蔵をご存知であろうか。江戸時代初期の剣術家であり、大名家に仕えた兵法家・芸術家でもある。佐々木小次郎との「巌流島の戦い」

を知る人も多いであろう。

人生60戦、一度も負けなかった無敗の男でもある。

彼の代表的な著書といえば「五輪書」である。

この「五輪書」が、世界のエリートビジネスマン達にまるで教科書のように読まれていることを、残念ながら日本人はほとんど知らない。これは由々しき事態だ。なぜ日本の先人の知恵を、日本人が知らないのであろうか。

「五輪書」に書かれていることは、勝つための兵法である。戦法戦術、剣術、心構えに至るまで詳細に書かれたものである。現代に置き換えても色褪せない内容であるから、ぜひ経営者は読み、体得していただきたい。原書が難解であれば、現代語訳でも良い。


その宮本武蔵の言葉で有名なものがある。

千日《せんじつ》の稽古を「鍛」とし、
万日《まんじつ》の稽古を「錬」とす。

「鍛錬」の語源を引くと、「鍛」は基礎が定着すること、「錬」はひとつの道として揺るぎなく完成することである。宮本武蔵は「鍛」には千日、つまりおよそ3年の稽古が必要だと言った。そして、万日、つまりおよそ３０年の毎日の稽古で、「錬」としてひとつの道を極めることができると説いたのである。

本能の領域の記憶にアプローチするには、「拝む」「祈る」時と同じく、毎日反復することが必要だと述べた。まさに「鍛錬」である。

また、故事から来た言葉に「磨穿鉄硯《ませんてっけん》」という言葉がある。

磨穿とは、磨いてすり減らし、穴を開けるという意味である。鉄硯は、鉄製のすずりのことだ。つまり、鉄のすずりをすり減らして穴を開けてしまうほどに鍛錬するという意味である。

ゆえに「強い志を持って物事に励む」ということである。「達成するまであきらめずに、強い意志を持ち続けて励む」という意味である。

千日、万日の鍛錬には、このような志が必要である。

そして、鍛錬をするには、よし挑戦をしてやろうという「負けず嫌い」の心が大切だ。


しかし、ここでもまた「ちょっと違いは、大違い」である。

負けず嫌いには、ひねくれた負けず嫌いと、素直な負けず嫌いがいる。

疑ってかかったり、本質はこうではないか本来こうするべきではないかと何かと理屈をつける割には、その負けず嫌いな性格ゆえにやたらと頑張る人がある。それは、ひねくれた負けず嫌いだ。それでは鍛錬の域には、到底達することができない。

あれこれ理由や理屈を考えるのではなく、まずは素直にやってみる。やらずにいるのは嫌いだから、ただやる。そういう「素直な負けず嫌い」が、本能の脳を変えていくのだ。

芯記憶は、本能の記憶である。考えた記憶ではなく、感じた記憶なのだ。習うのではなく、「倣う」ことである。


人は記憶で動いている。記憶が、人の脳に前提条件を作っている。そして本能の脳が、芯記憶を作っている。ということは、前提条件と芯記憶を変えることによって、人は誰でも、簡単に変わることができるのである。

⑥ 無双拝・十方拝

第2章『錯覚の法則』の最後でお伝えした「無双拝・十方拝」であるが、これは「突き抜けの法則」７つの鉄則においても、非常に重要な実践事項である。

別添のワークシートには、自分で記入して完成させる「無双拝・十方拝」のシートをお付けした。これはぜひ活用していただきたい。


突き抜けの法則において、なぜ「無双拝・十方拝」が必要なのか。

それは、「成信力」をつけるための脳の訓練方法として、最強だからである。

経営者に必要な「知・徳・胆」。これはアスリートにとっての「心・技・体」に匹敵する。

それらを司るのが3層の脳である。これらの意識ではどうにもできない領域へアプローチするのが「無双拝・十方拝」なのである。

最初に申し上げたが、これは宗教ではない。

しかし、先人の教えにも大切なものがある。天皇陛下の四方拝、釈迦の六方拝がそれである。天皇陛下の四方拝は、1月1日の早朝に行われる宮中行事である。この時、天皇陛下は皇居の庭に設けられた仮屋に入り、伊勢神宮をはじめとする神々・天皇陵に拝する。年災をはらい、幸運無事、五穀豊穣を祈るものである。始まりは平安時代とされる。

釈迦が考えた六方拝は、東西南北天地の六方に拝む。それぞれの方角に、両親・先祖・家族・師・友人・太陽や大地に感謝をして拝むのである。

先人は、拝むことによって精神性を高めることを知っていたのである。

ここで考えたいのは、神道と仏教の違いである。神道には経典がないが、仏教には経典がある。経典とは、文字の発明によって人類が「知」の教育を実現したものであったことは、すでに述べた。

いっぽう、日本の神道には経典がなく、日本人は、あらゆるものに神の存在を感じ、拝むという行為を伝承・伝達してきた。これは「魂」の教育である。

それぞれが、脳の教育としては、まったく違う性質を持って伝えられてきたのである。

私が提唱しているのは、意識ではどうにも出来ない「魂の脳を磨く」ということである。その意味において、この「無双拝・十方拝」は完全無欠であると確信している。

無双拝（十方拝）

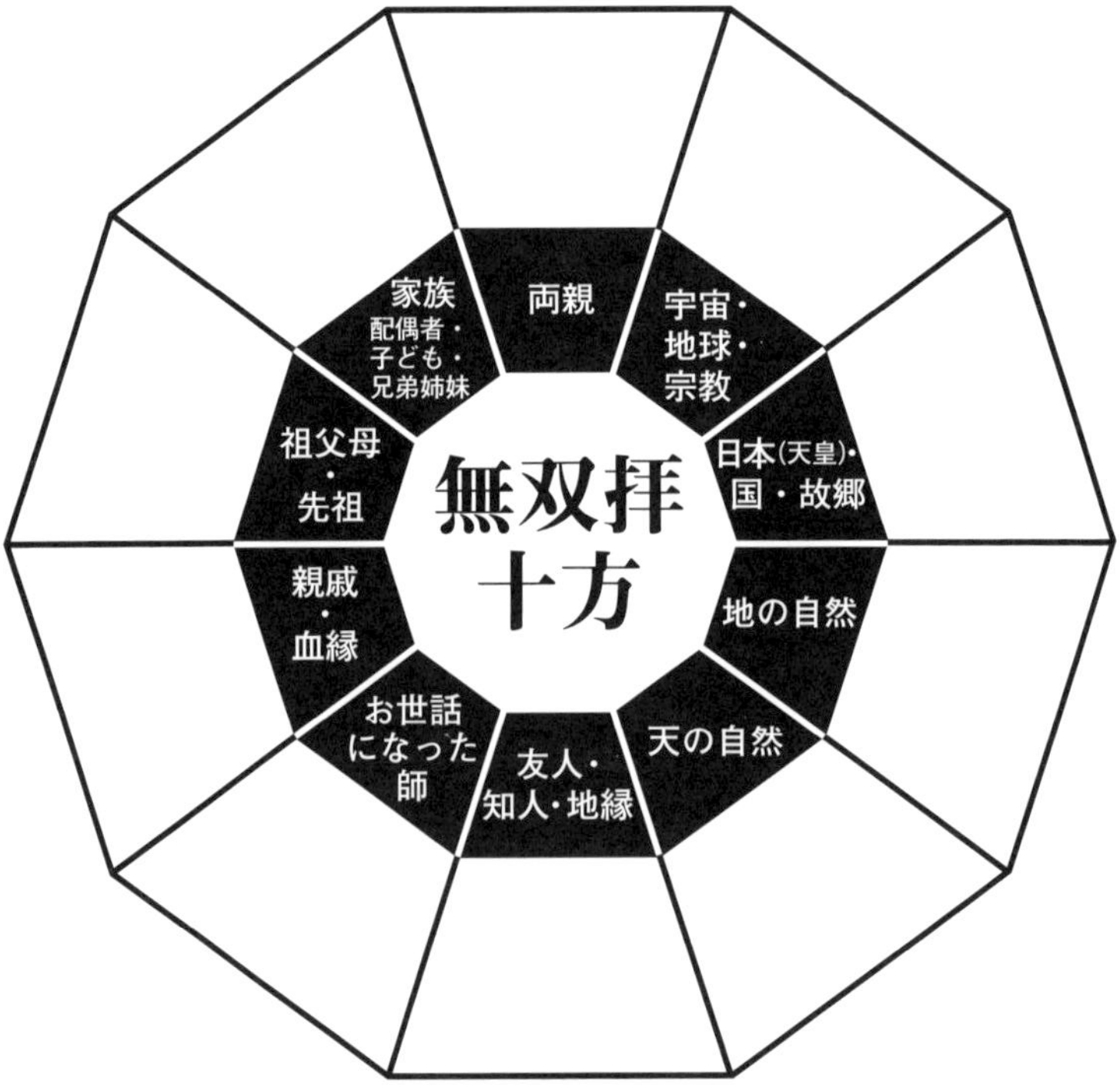

①	両親に感謝	⑥	友人・知人・地縁に感謝
②	家族（配偶者・子ども・兄弟姉妹）に感謝	⑦	天（天空）の自然に感謝
③	祖父母・先祖に感謝	⑧	地（大地）の自然に感謝
④	親戚・血縁に感謝	⑨	日本（天皇）・国・故郷に感謝
⑤	お世話になった師に感謝	⑩	宇宙・地球・信仰している宗教に感謝

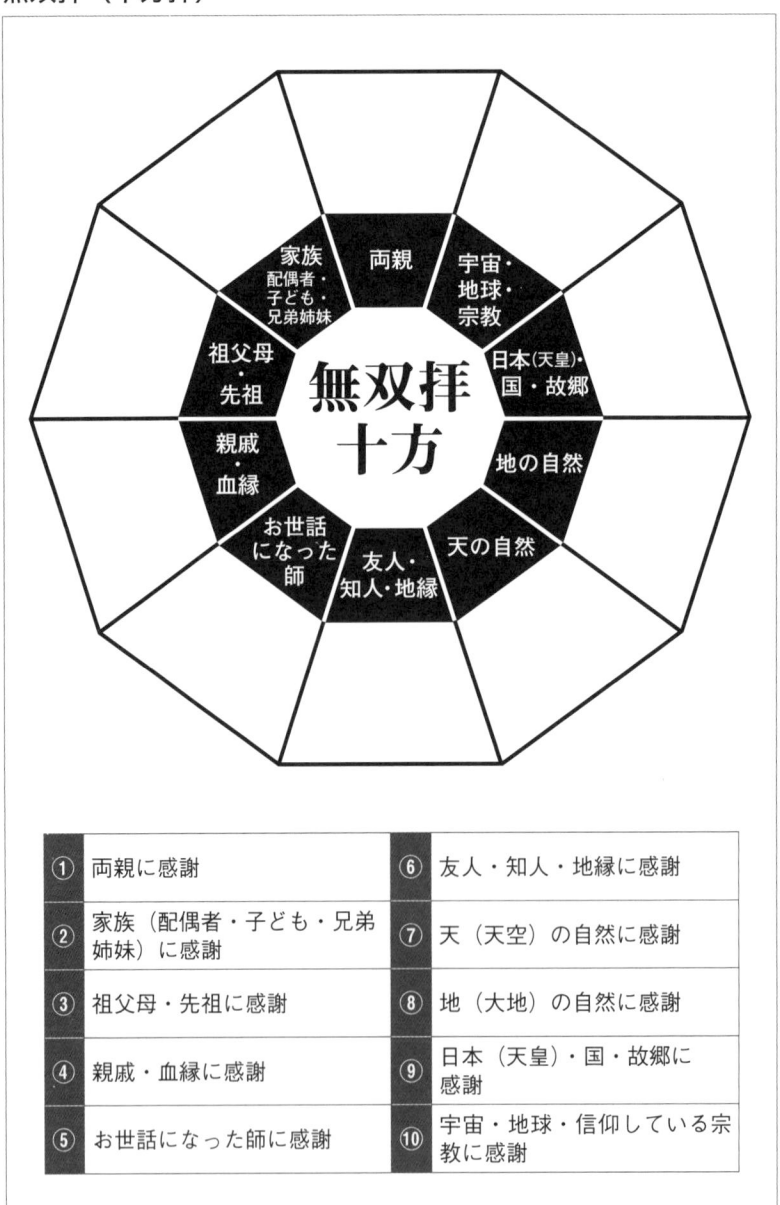

無双とは、並ぶものがないほど優れていることを指す。

内を固めて、外がある。

血縁への感謝に始まり、自然と環境への感謝、生きとし生けることそのものへの感謝につながっていく流れは、人間の短期記憶から長期記憶へと働きかける。

また、無双拝は、脳と魂の結束を起こす。

血縁＝血統的結束
地縁＝知性的結束
自然＝本能的結束
宇宙＝空間的結束

それは、自分が出会ったすべてのものに「恩」を感じる恩感力を育てる。

「恩」という言葉は、英訳することが出来ない。無理をして「ｆａｖｏｒ」とでも訳すとしようか。しかし、単語の意味は「賛成・行為・恩恵・ひいき・好き」であるから、日本人の感じる「恩」とはかけ離れたニュアンスである。

世界の人々もさまざまに拝む。しかし、多くはピラミッドの頂点に立つ教祖などに対する「点の拝み」である。いっぽう、無双拝は、円を描きながら、自分を取り巻くすべてのものに「恩」を感じ、感謝を伝える「和の拝み」なのである。

日本人だけに伝わる「和の愛」は、拝むことによって、日本人の魂に作られてきた。日本人の精神性とは、拝むことによって作られた、本能の脳への記憶のことなのである。

そして、恩感力とは、究極の「憶聴」である。

いよいよ、『突き抜けの法則』7つの鉄則の、最終にして究極である「憶聴」について、述べる時がきた。

⑦ 憶聴・天の声

人工知能の時代が到来した。未来から見れば、すごい時代が来たと騒いでいるのは現在の一点だけであり、数年のうちに世の中は激変するであろう。今、ひとつひとつ驚きを持って受け止めている進化の数々も、一瞬の通過点に過ぎない。

知能では、人間は、人工知能に太刀打ちできない。

しかし、人工知能にない脳、それが、魂の脳である。

従って、これからの人間にとって一番大切なのは、魂の脳であり、その魂の領域を変える進化が必要なのだ。変化するには、魂をゆさぶることである。それが

「憶聴を起こす」

ことである。


「天の声」が聴こえることがあることは、『錯覚の法則』でも述べた。

天の声もまた、人間の脳の記憶の中にある。憶聴が聴かせるものである。

脳は実に不思議な錯覚をする臓器である。その中でも究極の不思議である「憶聴」は、無限の価値と可能性を秘めている。


憶聴が引き起こす「天の声」は、時に、予知能力を発揮する。

そっちへ行ってはいけないよ、と確かに聞こえた亡くなった祖母の声。それに従ったことで、大事故から逃れることができた、というものである。

また「天の声」は、ヒラメキをも起こす。

ここへ行け！　あの人に会え！　これに注目しなさい！

そんな声がきっかけで、大きなヒラメキにつながることがある。これは、脳の記憶の、突然のシナプスの結合なのだ。

『突き抜けの法則』において、これほど大きなチャンスがあるだろうか。

つまり、「憶聴」の秘密を知ることが、人間の脳の力を最大限に活かし、突き抜けた成功を実現する、最後にして最強の鉄則なのである。

憶聴については、次章にて、命と脳の観点から、改めてお伝えしよう。

以上が、『突き抜けの法則』の全容である。

全員が目指さなくても良い、と最初に申し上げた。それは、０・０１％の突き抜けた成功を目指すには、やはり「強欲」でなければならないからである。

経営者と商売人は違う。そこそこの成功を収める幸せもある。成功は人それぞれであり、全員が強欲である必要はない。

しかし、人間の脳は、欲がなければ絶対に行動しないようになっている。

アメリカの心理学者マズローによる「マズローの欲求５段階説」がある。それによると、人間の欲求は「生理的欲求」「安全欲求」「社会的欲求」「承認欲求」「自己実現欲求」と段階を踏んで成長していくというものだ。

ところが、私は、このマズローの５段階欲求に加え、６段階目の欲求があると考えている。

それは、「無欲」という究極の欲である。

成功者は、すべての欲を満たした時、最後に無欲になるという。

しかし、本当にそうであろうか。

私は、それを「無欲という欲」だと考えている。

人間が本当に無欲な時があるとしたら、それは、目の前の人に他喜力を発揮して、その人を喜ばせようとしている、その瞬間だけだ。

それ以外は無欲ではない。自分が無欲であるということを「格好良い」あるいは「美しい」と考え、無欲な自分を他人に知ってほしいという、欲である。

無欲が気持ちいいから、無欲に見せたいという欲である。

なぜならば、申し上げたとおり、人間は欲によって動く生き物だからである。

『突き抜けの法則』は、人間の欲を全開にして、突き抜けた成功を手にするための法則である。いま、その全貌を知ったあなたは、どのレベルで自分の欲を追求し、自分自身の望む成功と幸せを手にしていくだろうか。

あなたの未来は、あなた自身が、あなたの脳に働きかけて決めていくことである。

第6章

命と憶聴

記憶の秘密

改めて整理してお伝えする。

『憶聴』とは、人間の記憶の奥にある記憶である。その記憶が、無意識下で勝手にシナプスを結合させ、記憶のネットワークを作っている。それゆえに、人は、天の声を聴いたり、夢を見たり、ヒラメキを起こす。

膨大な記憶データを勝手に編集して、物語をつくり、脚本を書き、演出までしているのが、憶聴である。

夢に知らない人が出てくるのも、憶聴が無意識下の膨大な記憶から編集して、勝手に物語を作って見せているのだ。夢と自覚しながら見る夢「明晰夢」も、憶聴が見せている。

しかも、憶聴がやっているのはそれだけではない。

脳の中で「憶聴はここがやっている」という「部位」を証明することはできない。

しかし、これは私の脳の研究の中でたどり着いた、究極の答えである。脳の機能の中に明らかにそれはある。意識ではどうにもできない本能反射領域（ＩＲＡ）に蓄積される芯記憶と共に、その人の人生において、見たこと聞いたこと感じたことの膨大な情報量が、憶聴に「蔵」のように貯蔵されている。深い、記憶の貯蔵庫である。しかもそれらは、無意識下で結合を起こし、人間にさまざまな錯覚を起こさせる。


脳の前提条件は「記憶」である。

ということは、記憶が、人の人格も、決断も、人生そのものを作っているといってもいい。その中でも「憶聴」の記憶は、自分の人生と未来を左右していると言っても過言ではない。

憶聴とは、それほど不思議で、面白いものなのである。


ここで人間の記憶について、お伝えしておこう。

私は、かつて、講演会でよく
「自宅の電話番号を覚えられる人は、みんな天才だ」

と話していた。

それは、昔なら誰でも自宅の電話番号１０桁を記憶していたからである。さらには親戚の家の電話番号まで覚えていたぐらいだ。

しかし、その脳の機能は退化した。

多くの人は携帯電話に電話番号を記憶させるようになり、自宅の番号を聞かれたらスマホを取り出して調べるのが当たり前になった。


これは、現代人の脳の退化である。

たまたま電話番号の例がわかりやすいだけで、その退化は、実は至る所で起こっている。

多くの人が社会の流れに流され、流されていることに気づいてもいない。

今後、数年もしないうちに、多くの人間の脳の機能はますます破壊されていくだろう。それは、人工知能の進歩によってますます加速する。

人間の記憶の機能には、３つの種類がある。

1. 記銘　見たり聞いたり嗅いだりといった感覚器官から入力された情報を覚える機能
2. 保持　覚えたことを忘れずに維持し続ける機能
3. 想起　保持した情報を思い出す機能

どこの機能が破壊されていっているのか、これに当てはめるとよくわかるだろう。老化や病気ではなく、使うことがなくなれば退化するのが当然なのである。

また、記憶にも種類がある。一般には「感覚記憶」「短期記憶」「長期記憶」という3種類に分類されているが、私は、新たに次のような5分類を提唱する。

1. 感覚記憶　1〜2秒ほど映像や音などを保持する記憶

2. 短期記憶　数十秒は覚えている。短期記憶の容量は7±2個（つまり5〜9個）とされており、一度に8個以上の記憶をするのは困難

3. 中期記憶　3年以内の記憶。思い出せるが忘れ去られていく

4. 長期記憶　3年から十数年

5. 憶聴記憶　十数年から30年以上（魂の領域）

「短期記憶」と「長期記憶」の間に、「中期記憶」という概念を新たに設けたのには理由がある。

それは「長期記憶」を、2つに分類したからだ。

長期記憶を「心の領域」と「魂の領域」に分けたのである。そして、より深く、魂の領域に刻まれるものを「憶聴記憶」とした。

つまり、長期記憶の中でも、より深い領域にある特殊な記憶が「憶聴記憶」なのである。

「心の領域」と「魂の領域」の違いとは何か。それは、一言でいうならば、

心には損得があり、魂には損得がない

という違いである。

日本の先人たちは、心と魂をきちんと分けて考えていたようである。「スケベ心」という

言葉はあるが、「スケベ魂」という言葉はない。魂に損得勘定がないことを、とてもわかりやすく表現してくれている。

また「三方よし」の近江商人には、「陰徳善事」という慣わしがあった。社会貢献の一環として、治山治水、道路改修、貧民救済、寺社や学校への寄付を定期的に行っていたのである。これも損得を超えた、魂からの行動である。

自分以外のもっと大きな感覚に突き動かされるような感覚、それが魂の領域なのだ。

太平洋戦争で特攻隊に散った若者たちは、これから死に向かうにも関わらず「靖国で会おう」と言った。

靖国神社は、祖国のために殉じた者を英霊として祀る神社である。従って、互いに戦死しても、その後は靖国で会えると信じて誓ったのが「靖国で会おう」という言葉なのである。そして彼らは、敵艦めがけて突撃していった。

それは、魂の領域があることを確信していたからであろう。

「憶聴記憶の蔵」にあるもの

先人の、とくに男たちは、心のもっと奥深くにある「魂の領域」を大切にしていた。長期記憶の深い領域にある憶聴記憶は、損得を超えた決断をするのである。それは、社会のため、国のため、人類のための行動である。人生において、もっとも大切なことをやっているのが憶聴なのである。

心と魂は、やることが違う。心は、損得から判断して行動を起こすことができる。魂は損得の判断をしない。できないのである。

憶聴は蔵のようなものだと申し上げた。損得を超えた憶聴記憶の蔵には、このようなものが貯蔵されている。

・愛の蔵
・魂の蔵
・記憶の蔵

・知識の蔵
・知恵の蔵

金だけを追い求めて生きている現代の愚かな人間たちには、損得抜きで行いたいことがあるだろうか。損得抜きで突き動かされてしまうほど、大切なこととは何か。

心のもっと奥に、良い愛、良い魂、良い記憶、良い知識、良い知恵を作っていきたいものである。

憶聴を起こす

天才と呼ばれる人がいる。常人には考えられないスピードと質で情報を処理し、ヒラメキを起こし、斬新なアイディアを形にする。誰もが驚くような高度なパフォーマンスをする者もいる。

あらゆる分野において、天才の脳には、理屈や損得を超えた憶聴記憶が鋭く働いている。

天才が瞬時に物事の本質を捉え判断できるのはなぜか。それこそ、魂の領域である憶聴記憶の働きが優れているからに他ならない。

また、宮本武蔵も説いた「鍛錬」についても、実は憶聴記憶が重要な働きをしている。何かに秀でた人間は、技術だけではなく、元となる脳の記憶の差によって作られるのだ。

「鍛」の記憶は、千日の稽古によって養われる。およそ3年であるから「中期記憶」に分類される。

しかし「錬」の記憶は万日の稽古、およそ30年にわたる「長期記憶」である。そして深く反復された記憶は、心を超え、魂の領域「憶聴記憶」へ到達する。

そうすれば、もはや人の考えを超える。頭で考えて動くのではない、感じたままに身体が動く。それが鍛錬の成果であり、憶聴が起こしていることなのである。

考えようによっては、憶聴記憶は素質に勝る。

人間国宝になる人は、何十年も鍛錬を重ね、最後の最後に人間国宝になる。「錬の記憶の反復」が、国宝級の芸の域に達するのだ。天才は、反復がつくる。反復が憶聴を起こすからである。

子どもを天才にしたければ、憶聴を起こす反復を繰り返すことである。情報や学習内容を繰り返すことによって、長期的な記憶の形成と保持を可能にし、子どもは誰でも天才になれる。「コツコツやれば、誰でも天才」なのである。

鍛錬の「錬」のコツは、スパシング効果である。

スパシング効果とは、学習の回数を一度にまとめず、間隔をあけて（スパシング）定期的に繰り返すことによって記憶力を向上させる効果である。脳科学の進歩によって、最近明らかになってきたもので、年齢を問わずさまざまな場面で有効性が認められている。

私が、庭の石を「嬉石」と名づけて毎日拝んでいることはお話しした。

毎日といっても、一日じゅう手を合わせているわけではない。一日数回というところだ。ということは、まさにこれがスパシング効果なのである。

拝むことが人間の脳に憶聴を作ってきたことは申し上げたが、図らずも、人間は、脳のことが何もわかっていないうちから、スパシング効果を使って長期記憶に定着させてきたのである。

また、脳には「ワーキングメモリー」というべきものがある。覚える時も、考える時も常に働いている。それが何度も繰り返されるうちに長期記憶として保存されるのだ。

また、大脳だけではなく、小脳も使って記憶させる「最強の連動記憶」もある。

スーパーブレイントレーニング（ＳＢＴ）におけるアスリート指導でも実践してもらっているものである。具体的には

・イメージ（拝む・祈る）
・プラスの言葉
・ボディランゲージ（プラスの動作）

を連動して行うことである。

言葉を発することで脳梁とつながる。そしてプラスのボディーランゲージを組み合わせる。スーパーブレイントレーニング（ＳＢＴ）では、人差し指を天に向けて掲げる「Ｎｏ．１ポーズ」を採用している。

この一連の動きによって、脳は強く反応する。そして記憶の深いところに落とし込まれていくのである。

思えば、この「拝む・祈る」「言葉」「動作」こそ、世界のあらゆる宗教が人の脳に働きかけてきた手段ではなかったか。脳のことをほとんど理解していなかった時代に、人間は既に、記憶の奥深くに働きかける方法を知っていたに違いないのである。

魂を磨く

こう考えていくと、良い憶聴を作ること、すなわち、魂を磨くことがいかに大切か、おわかりであろう。

心の声はズルい声であり、魂の声は自分に正直である。つまり、人のほんとうの性格や性質も、魂の領域が作っているのである。

冷たい人間になるのか、愛のある人間になるのか、その人の憶聴で決まる。

記憶は、「快」「不快」の感情に紐づけされて蓄積されることは述べた。ということは、あなたの憶聴の大元というのは、あなたの「喜怒哀楽」から始まっている。無意識に脳が学習をしていっているのである。

感情の脳である大脳辺縁系と、本能反射領域（ＩＲＡ）の為せる技である。

だから、感情が動かない人は憶聴にも鈍いものが溜まっている。感動が大切だと申し上げているのは、そのためである。残念ながら、バカでどうしようもない人間も、その人の憶聴が作ってしまったものである。

嫌な感情もすべて憶聴だ。夫のことを「もう我慢できない！」と離婚してしまうのも、すべて憶聴が決めている。自分が意識するよりとっくの昔に、別れる決心は憶聴がしてしまっているのである。

実際、憶聴が変わると、性格も変わる。

憶聴は、つまりその人の「性根」とも言える。

性根とは、その人の根本的な心構えや心の持ち方である。悪い性根だということは、悪い憶聴を持っているということなのだ。性根の悪い人とは別れたほうがいい。性根の悪い人には、悪い「天の声」しか聴こえないからである。

憶聴から聴こえる「天の声」は、自分の中の記憶のネットワークから聴こえてくる。いろいろな記憶が重なって新しいヒラメキが起こるが、それは元をたどれば、自分の記憶である。それが自分の信念であり、「本当の自分」なのである。

脳の憶聴が、あなたの人生を決めている。だからこそ、思いやりのある脳、愛ある脳を育てなくてはならない。「他喜力」によって本能の脳を強化し、恩を感じる力「恩感力」を育てること。最後はこれに尽きる。

結局、今あなたが感じていることが、やがて天の声になるのである。

今あなたが考えていることが、やがてあなたの中に、憶聴として貯蔵されるのである。

そして、これからの時代、人工知能の進化が進めば、人間の脳は、掘り下げる力をどんどん退化させていくだろう。

表面的な思考になり、思いつきでしか物を考えなくなり、どんどん単純思考になっていく。学ぶときも、文字をただ流れるように読むだけになる。

文字は、噛むように、深く読んでこそ記憶に刻まれていく。どんな学びでもいい。深く掘り下げ、「錬」の記憶に落とし込んでいくことが、これからの時代を生き残るうえで、非常に大切なのである。

幸いなことに、今、あなたは「憶聴」を知った。

これは、あなたにとって、とてつもないチャンスである。

憶聴は、人工知能にはない。人間にしかない脳の機能だからだ。

人間は、限られた命の時間を持ち、記憶によって人格を形成し、欲を広げて生きている。

しかし、人間だけが、その魂の領域の憶聴から、天の声を聴き、ヒラメキを起こし、新たな創造を生み出していくことができる。

人間だけに残された、人間にしか成し得ない成功と幸せが、あなたの脳の深いところに刻まれているのである。

今こそ、自分の魂を磨き、よき憶聴を使いこなし、よき天の声を聴いて、よき未来を作っていこうではないか。

第7章

日本人の「命」

私は、日本人が、世界でも稀な「賢い脳」を持った民族だと考えている。日本人の脳は､心と魂の領域が異常発達しているからである。それはなぜか。ひとつには、「拝む」「祈る」ということを、昔から反復してきたことによるものである。

人の命は、心と魂によって支えられている。ということは、日本人の命は、非常に強靭だ、ということができる。

日本人の命とは何か。
現代の子ども達は、そのような問いかけをされたことが全くないであろう。ゆえに、考えたことすらないかもしれない。あと数十年も経てば、日本人とは何かということを真剣に考える人間は、この世から姿を消してしまうかもしれないのである。

また、日本人の命について考えることは、ともすれば、政治的宗教的な主義主張と混同されることも少なくない。私は、まったくそのような事には関心がない。すべてが脳の錯覚だと申し上げているとおりである。

ただただ、日本に生まれ生きる者として、日本という国を愛し、日本の素晴らしさや日本人の脳の素晴らしさについて、脳科学の観点から追求し、心ある方々に伝えていきたいと考えているのである。

日本人の脳の秘密

人類は、今から５０００年前に文字を発明したことにより、劇的な知の進化を遂げた。文字は人の伝達とコミュニケーションを革新させ、人間の脳はどんどん賢くなった。

そして２５００年前後に「枢軸時代」が訪れ、世界中で「知の爆発」が起こった。世界各地で同時に宗教者や哲学者が誕生し、文字によってその思想が拡大していった。


その頃、日本は縄文時代であった。

縄文草創期は大陸と陸続きであったものが、やがて海面上昇によって離され、海を隔てた島国となった。これにより、日本は独自の文化を形成していった。

世界各地で文字が発明された５０００年前、日本には文字はなく、日本に文字が入ってきたのは、１６００年前の漢字の伝来とされている。

もっとも、「それよりも前に日本にも文字体系が存在していた」とする説は、すでに鎌倉時代から、過去の学者たちによって議論されてきた。神代文字《じんだいもじ》と呼ばれるものである。しかし、近世になって、急に多くの神代文字によって書かれた古史古伝が「発見」され、神道系新宗教などでそれらの書物が盛んに重用されるようになったという。

そのため、学術的な研究はそこで途絶えたとされている。

事実は定かではない。しかし、日本人が海を隔てた島国で独自の文字を発明し、枢軸時代には神武天皇が誕生し、あらゆる神々を平定していった。そのように考えるのも、ひとつのロマンであり、日本という国に生まれたことを誇りに思う源とはなるだろう。脳に神をつくり、良き錯覚を起こすことと同じである。

古代文字の有無はともかく、まぎれもない事実は、島国日本は大陸の文字を使うことなく、他のどことも違う言語「やまとことば」をつくりだし、ものに名前をつけ、意思の疎通を図っていたということである。

この点だけでも、日本人の脳が独自の進化の過程を経てきたことがわかる。

そして、１６００年前、いよいよ日本に漢字が伝来する。

漢字は、その意味を形で表すことから成り立った文字である。そして、中国語を書き表すために考案され発展していった文字である。

ゆえに、日本人にとっては、発音はまったく馴染みのないものであった。

そこで、文字の意味に、自分たちが使っている「やまとことば」の発音をあてはめて読むようになったのである。

これが「訓読み」である。

訓読みとは「ときほぐして読む」という意味である。

実は、これこそ、日本人にとって大きな**「発明」**であった。

たとえば「草」という文字がある。中国語では「ソウ」と読む。しかし、日本人は、この、茎が柔らかく地面に生える植物のことを「くさ」と呼んでいた。だから「草」を「くさ」とも読むようになったのである。

これはつまり、**中国伝来の漢字を活用しつつも、日本独特の文化や習慣をあらわすための文字として、独自な発明をした**と言える、非常に画期的なことなのであった。

こうして、日本は、中国伝来の「音読み」と、やまとことばを当てはめた「訓読み」の両方を使いこなすようになった。

そしてその後、さらに日本語を書き表すために「ひらがな」を生み出し、漢字によみがなを振るために「カタカナ」を生み出していったのである。

世界において、文字の発明が人類の脳を爆発的に進化させていったことを考えれば、この日本における文字の発明は驚異的である。

日本人の脳の秘密は、「訓読み」にあるのである。

「訓読み」に刻まれた、日本人の命

訓読みこそが、日本人の異常に優れた脳をつくり出した。

漢字の意味に、日本人の言葉、伝統、文化が刻まれているのである。訓読みこそ、先祖からの伝承・伝達なのである。

そう考えてみると、日本の言葉のなんと美しいことだろう。

あなたの名前の一文字、一文字にも魂が刻まれている。

苗字は、まさに、先祖から受け継いだものだ。その一文字一文字にどんな意味があり、どんな歴史が刻まれてきたことか。

名前は、あなたの両親が心を込めて名付けてくれたものだ。漢字ひとつひとつに、思いが込められている。

ぜひ、自分の名前を形成している文字をひとつずつ、「訓読み」と「音読み」でそれぞれ味わってみていただきたい。それこそが、あなたに刻まれた日本人の命である。

ここで、『命』という文字を、改めて眺めてみる。
『命』の字には少なくとも、
・命＝メイ
・命＝ミョウ
・命＝マン
・命＝ベイ
・命＝みこと
・命＝おおせ
・命＝いのち
という7種類の読み方が存在する。

『命』という文字の持つ意味は、以下のようなものがある。
①いいつける。おおせ＝「命令」「勅命《ちょくめい》」
②なづける＝「命名」「命題」
③名簿。戸籍＝「亡命」

④いのち＝「命脈」「生命」
⑤天の定め、めぐりあわせ＝「命運」「宿命」
⑥まと。めあて＝「命中」
⑦みこと＝神の名に添えた敬称＝「大国主命《おおくにぬしのみこと》」尊（みこと）

これらの意味と、別の漢字の意味を組み合わせて、さまざまな熟語が生み出された。その一例を挙げてみよう。

運命（ウンメイ）・延命（エンメイ）・革命（カクメイ）・救命（キュウメイ）
懸命（ケンメイ）・厳命（ゲンメイ）・使命（シメイ）・宿命（シュクメイ）
寿命（ジュミョウ）・助命（ジョメイ）・人命（ジンメイ）・生命（セイメイ）
絶命（ゼツメイ）・存命（ゾンメイ）・大命（タイメイ）・短命（タンメイ）
致命（チメイ）・勅命（チョクメイ）・天命（テンメイ）・特命（トクメイ）
任命（ニンメイ）・拝命（ハイメイ）・薄命（ハクメイ）・亡命（ボウメイ）
余命（ヨメイ）・落命（ラクメイ）・命中（メイチュウ）・命綱（いのちづな）

命に宿る魂

『命』とは、ものに宿る魂である。

たとえば、植物も生きている。植物にも命があろう。しかし、人間の命とは違う。人間の命には魂が宿っているのである。

人の命は

い＝意
の＝脳
ち＝血

なのだ。先祖からもらった、意思・脳・血が、入っているのだ。植物とは違う。

単なる語呂合わせとしか思わない脳では、あなたの脳はもはやないはずである。

先人はこうして文字の読みに思想を込めて、子孫に伝えてきたのだ。そうすることで日本人の脳は驚くべき発達を遂げてきたのである。日本人にしかないその能力を、ここで発揮して伝えていかなければならない。

命は「血」だということを、子どもに伝えているか。命がありがたいものだということを親や大人が教えることを怠ってきたのではないか。

だから、幼い子どもが命を自ら断つような国になってしまったのだ。

人の命は「意・脳・血」なのだと、伝えなくてはならない。

日々反復して伝えていたら、子どもの脳は「うるさいな」と思いつつも、記憶に深く刻んでいく。憶聴記憶に命の尊さが、よき魂が必ず宿るのである。

もうひとつ、伝えたいことがある。

命は「みこと」と読む。これは

み＝身
こ＝心

と＝富

である。何より大事なのは、「富」だ。富んでいなければならない。

なにしろ貧乏だとロクなことは考えない。しみったれたことばかり考えるから、余計にうまくいかないのである。

私は経営者の門下生には、個人資産10億ぐらいは作りなさいと言ってきた。近年では10億どころか30億ぐらいは簡単に作れる。私の門下生でも1年で500億ぐらいはいく者もいる。本書に著した脳の法則をちゃんと実践していれば、そんなことは容易である。

「身・心・富」も、命に宿る魂である。

身を清め、心が安らかで、豊かな状態を作るのだ。

これが日本人にしかできない、魂の磨き方である。

第8章

究極の脳力開発

うんと遅れて気づく人

私は50年にわたる脳の研究において、実に28年もの間、日本のトップ企業の研究者の指導にあたってきた。日本能率協会の「研究者技術者道場」がそれである。

そこで研究者たちに向けて、成功者だけが持っている脳のバイパス記憶がどのようなものか、脳の秘密のノウハウを公開し、それをトップ研究者たちに伝えてきたのである。

研究者には「凝り力」が必要である。それは「もっといいものができるんじゃないか?」と常にこだわっていく力である。

技術者には「転換力」が必要である。すでにあるものを、より良いものに変えていく力である。

経営者には「柔軟力」が必要であった。これまでと同じようなものではなく、時代の変化に合わせて柔軟に変える力である。

教育者には「指導力」、勤労者には「従順力」、出資者には「投資力」が、当然ながら必要である。

しかし、時代は変わった。

これまでは仕事によって必要な能力が分類されていたが、これからは、すべての能力がすべての人達に必要である。

経営者も、従来のような柔軟力だけでは、到底、時代の変化に太刀打ちできない。

おそらく、これからは多くの人達が苦しむ時代になる。今までは、ちょっと賢く生きていければできたことが、これからはできなくなるだろう。

しかし、本書に著した脳の秘密を知った人ならば、あっという間に一人勝ちができる。脳を知るものだけが、完璧なブルーオーシャンを獲得する時代とも言えるのである。

私が、長年、多くのアスリート、研究者、経営者に対して脳の秘密ノウハウを公開してきた中で、人の理解力には４つの種類があることに気がついた。それは、

1. すぐ気づく人
2. ちょっと遅れて気づく人

3．うんと遅れて気づく人
4．一生気づかない人

この中で最もすごいのは誰だと思うか。

4の一生気づかない人は論外として、すぐに気づく人というのは機転が効いて、とても優秀である。それにちょっと遅れて気づく人というのも、そこそこ優秀ではある。

しかし、時として、「うんと遅れて気づく人」というのがいる。

私は、それが最もすごい人だと思っている。なにしろ、うんと遅れて気がつくということは
「気づくまで、ずっと考え続けている」

ということだからである。

長期にわたって脳への反復を行なってきたということだからである。

本物は、時として、**「素質がない」という素質**を持っている。

素質がないという自覚があるから、努力をする。負けず嫌いだから、誰よりも努力するのだ。この時、ひねくれた負けず嫌いではなく「素直な負けず嫌い」であることが大切だ。それが力をつけていく。

天才の絶対条件は、何があってもあきらめない脳を持った人である。

その脳の中では、何が起こっているのか。

それは**「動機の強さ」**である。

「目標」という前提条件に、「動機の強さ」が掛け合わさる。それが「達成成果」となる。

天才の脳は、結果に対して反省を決してしない。反省は燃え尽きの原因となる。反省ではなく、問題点のチェックをするのだ。

なぜ、そのような脳を作れるのか。それは、**本気でやるという決断**の力である。信念の魔術なのである。

「俺はやる、何があってもやり遂げる。
俺は負けない。自分の脳に感謝する。
俺は明るく強く、必ずやり遂げる」

このように、信念を言葉にしよう。そして、信念を反復するのである。習慣にするのである。これが信念の魔術だ。

反復したことは習慣となる。そして、習い性となったことは、まるで生まれながらそうであったように身につく。鍛錬なのである。

あなたが「うんと遅れて気づく人」ならば強運である。

信念を持って決断し、ずっと反復することによって、天才となれるからである。

脳の可塑性

本書の前半で、「脳の可塑性」についてお伝えした。

可塑性とはもともと、物理・化学用語である。個体に力を加えて変形させたとき、その力を取り払っても元に戻らないことを指す。

そこから、「体の可塑性」つまり、体が変化することによってその変化が持続する性質についても研究が進んだ。医療やリハビリテーションの分野で使われる言葉である。

「脳の可塑性」という概念を打ち出したのは、ノルウェーの神経解剖学者、アルフ・ブローダルである。自らの脳梗塞の体験を元に１９７３年に提唱した。

脳の細胞は、一度失われると二度と元に戻ることがない。脳梗塞を起こして血管が詰まることにより損傷してしまった細胞は、もう再生はしないのである。

しかし、脳への刺激を与えることにより、脳細胞の配列が変化し、損傷してしまった部位が担っていた機能を、損傷していない部位が代替するようになる。

これによって、運動機能の記憶が戻り、運動機能が回復するのである。

それまでの脳梗塞のリハビリは、麻痺しなかったほうの半身を使って、いかに日常生活を成り立たせるかというのが主流であった。

しかし、この脳の可塑性の理論によって、麻痺したほうの半身に対するアプローチも重視するようになり、実際に、臨床結果において、脳梗塞後遺症の改善が多く見られるようになったのである。

自分とは、時間が経てば他人と同じ

まことに脳は素晴らしい力を持っている。

そこで、この「可塑性」を使って自らを成長させようというのが、私の提案である。

脳梗塞の例に戻るが、損傷してしまった脳細胞をカバーして機能を回復させるために、脳は何をしているのか。

それは、細いシナプスを作って、神経細胞を新たに作り出しているのである。自分の中に新しい細胞が生まれているのである。

私はこの話をする時、

「自分とは、時間が経てば他人と同じ」

とよく申し上げる。

生まれてきたばかりの頃、あなたも私も「おしめ」をしていただろう。もしかしたら、私は近い将来またおしめをすることになるかもしれないが、それはさておきである。

人間の細胞は、生まれ変わっていく。体組織や筋肉は、生まれ変わっていくのである。

たとえば、基礎代謝の高い成長期の高校生などは、早い人で約１ヶ月で６０％もの筋肉が入れ替わっている。人の筋肉は、約２ヶ月で１００％入れ替わる。遅い人でも１００日程度ですべて入れ替わるのである。

つまり、おしめをしていた頃の自分など、もう何度入れ替わっているかわからない。完全に「他人」と同じなのである。

筋肉の生まれ変わりが実感できなければ、髪の毛でもいい。髪の毛は伸びて新しいものが生えてくるであろう。(私のように、もう生えてこない人もあるが)

それと同じことが全身で起こっているということなのである。

ここで、女房殿に

「あなた、昨日はこう言ってたじゃない」

と指摘を受けた時に、可塑性の話を持ち出して「時間が経てば他人と同じだ」などと理屈をこねては絶対にいけない。

ここでわかっていただきたいことは

あなたの脳も入れ替わっている

ということなのだ。

脳はいろいろな経験をする。経験や環境変化に対応して、脳も機能を変化させているのである。つまり、新しい神経細胞をつくり、脳も生まれ変わっているのだ。

ゆえに、過去の自分はもう赤の他人なのである。

しかし、そのことに自分では気がつかない。なぜなら、脳は、自身の経験値で判断して「入れ替わっていない」という錯覚を作っているからである。錯覚しているだけで、実は間違いなく脳も入れ替わっているのである。

しかし、この可塑性こそが、人間の能力を向上させる。

たとえば、ある知識を学習すると、それによって脳の細胞は新たに生まれ、新たな機能をつくり出す。その時のあなたと、知識がなかった小学生の頃のあなたは、赤の他人である。人間は、いま持っている知識で動いている。いま持っている記憶によって、考え、判断し、動いているのである。

だから、どんどん生まれ変わって良いのだ。新たな知識や知恵を得て、脳の細胞をどんどん作り変え、もう過去の自分は赤の他人と思って生きて良いのである。

だが、ここで気づくことがある。

ということは、あなたとは、いったい誰なのか。

体組織も筋肉も入れ替わり、脳細胞すら生まれ変わっている。

では、何が、生まれておしめをしていた頃のあなたと同一だと言えるのか。あなたを形づくる要件とは、いったい何なのか。


記憶なのである。記憶しかないのである。

記憶すらも、短期や中期の記憶は、じきに失われていく。

つまり、人間にとって、最後の最後まであなたという個体を一貫して形成している最も重要なものは、長期記憶に刻まれた記憶、無意識下に深く貯蔵された記憶、やはり憶聴なのである。


また、これまで申し上げたさまざまなノウハウを、可塑性という観点からもう一度、整理することもできる。

たとえば、石を拝んでいる私の話である。脳の可塑性があるからこそ、ただの石でも拝んで反復しているうちに、記憶のネットワークが新たに形成され、ありがたいと思えるようになるのである。

人生のどん底を経験した時こそ、脳の可塑性を使って、脳を新たに作り変えていけば良い。人は、脳の前提条件である記憶を変えることによって、性格も、性根も、人生をも変え、いくらでも他人のように再生していける生き物なのである。

私は昔からよく冗談まじりに

「人間の首から下なんて、ほとんどいらないよ」

と言っていた。科学が進歩すれば、首から下の臓器はいくらでも変えられるのだから、人類の平均寿命は３００歳にだってなるだろうと。

当時それを聞いた人は笑っていたが、近年の世界の大富豪たちの不老不死への飽くなき探究・実験を見れば、今はそれが絵空事ではないことがわかる。

仮に、あなたの寿命が科学の進歩に間に合い、３００歳生きながらえる体を手に入れたとしたら、あなたの脳はその時、何を考え、何を判断し、どう動いているだろうか。

おそらく、今は想像もつかないような新しい体験や経験をすることによって、脳はどんどん新しい細胞を作り生まれ変わっていくだろう。知的レベルはどんどん高まり、ますます優秀な判断ができる脳となるだろう。

３００年も生きるのだから、そうであって欲しいものである。

そして、あなたの脳の中に蓄積される膨大な憶聴記憶もまた、勝手にシナプスを結合させ、新たなヒラメキを起こし、人類の発展に多大な貢献をしていくであろう。

未来の脳力開発は、そのような世界が待っているのである。

脳の垢《あか》

垢《あか》とは、皮膚の上皮の角質が入れ替わるとき、はがれ落ちる古い角質に汗やほこりや脂が混ざり合ったものである。あまり綺麗なたとえではなくて恐縮だが、

「人間の能力は、垢と一緒である」

と私は申し上げている。

自分の身体の垢は、他人にはつけられない。当たり前のことである。

他人の垢もまた、自分につけることはできない。これも当たり前である。


その人には、その人の**「経験の垢」**がある。

また、**「知識の垢」**がある。

この経験と知識だけは、他人にはつけられないし、他人のものを自分につけることはできない。

これはどういうことか。たとえば、これまでかなり努力をして知識と経験を積んでこられた方が、私の著書を読んでくださったならば、一気に成功をおさめることができるだろう。

ところが、そこまで保有能力のないかたが本を読んでも、必ずしも成功しない。

「私の本を読めば１００％成功します」などということは、決して言えないのである。

それは、その人の知識の垢、経験の垢がどれだけついているかということに左右されるからだ。他人が知識や経験をつけたり、代わったりすることは、できないのである。

垢すりをゴシゴシやり過ぎるのはいけない、とよく言う。皮膚を傷つけるだけでなく、皮膚のバリア機能である角質も失われる。その結果、紫外線やほこりなどの有害物質が入りやすくなったり、潤いを損なったりもする。垢は、実は皮膚の生態系を保っている。垢があるから感染を防ぐことにも繋がり、人間に必要な水分を維持できているのである。

脳の垢も同じである。どんな垢も、落としてはいけない。その人だけについた垢だからである。

たとえば、人との出会いも、垢である。その人にしか経験できなかった垢である。

私にも、若い頃、大きな出会いがあった。

その頃、私はまだ高校生だったが、要領がよく、金も稼いで派手に使い、大人の世界をいっぱしに渡り歩いているような気分でいた。

しかし、そんな私を一喝してくれた方があった。「お前はそれでも男か」と。そして、男とは、何があっても正義感と使命感を持って生きることだと教えてくれたのである。

頭をいきなりガーンと殴られたような衝撃であった。

しかし、正直言って、その瞬間に目を覚ましたわけではない。

生意気盛りの私は、鼻をへし折られたような悔しさも感じた。そんなことを言われた苦い思いなど捨て去って、それまでと同じように気楽に生きていくこともできた。


それでも、私はその記憶の垢を落とさなかった。


残念ながら、その方は、私が２０代の頃に早逝されてしまった。

しかし、いつの日か「西田、おまえはよくやった」と、言ってもらえるような生き方をしようと決断し、自分の脳に楔《くさび》を打ち込んできた。だからこそ、今の私の人生があると思っている。その記憶は深く憶聴に刻まれ、今でもその方の天の声が聴こえてくる。


これは、私だけの垢である。

あなたにも、あなただけの垢があるはずであり、これからの人との出会い、知識との出会い、経験との出会いによって、あなただけの垢がついていくはずである。

脳の垢は決して落としてはいけない。

それは、あなただけのものであり、あなたという人間を形成してくれる、大切なものなのである。

人類の究極の脳力開発とは「行動力」

ここまで、さまざまな角度から、自分の脳をコントロールし、脳を変え、人生を変える手法について述べてきた。
私はたくさんの経営者を成功へと押し上げてきたが、彼らの何が一般の人と違ったかといえば、それは、行動力が抜群だということに他ならない。
アホは行動力がある
成功は行動力が生む
本能が行動力を示す
のである。
成功は頭の良さではない。

「この世界はやったもん勝ち」

行動力なのである。成功者というのは実は究極のアホかもしれないのである。

考える人というのは、行動しない。これは時代の流れでもなんでもなく、とにかく成功というのは、行動力があったところにしか生まれないのだ。人間の本能の中に、行動力が条件づけされているのである。

最後の最後に、ここで私が公開するのは**『泉の法則』**である。

『泉の法則』は天才の脳を作る究極の手法である。これまで、経営者に向けてではなく、研究者たちに教えてきたノウハウだ。

なぜなら、研究者が、突出して優秀な研究者になるためには、この『泉の法則』が絶対に必要だからである。

今の世の中で「賢い人」の代名詞といえば「東大生」だろう。早晩そうではなくなるかもしれないが、今のところ、東大生は賢い。

東大生の賢い子たちのほとんどは、自分で事業を興して社長をやろうなどとは考えない。医学部を出た者は迷わず医者になり、他の理系学部の子たちは研究者となり、文系の学生はエリート官僚やエリートサラリーマンになる。

賢い子たちは、なんでわざわざ中小企業の経営者から始めてチャレンジしなければならないのかと考える。何を好きこのんで、地べたから這い上がるような苦労をしなければならないのかと思うのである。

たしかに、それが賢い選択ではある。

しかし、私の門下生の優秀な経営者たちは、東大生より圧倒的に優れているものを持っている。それが行動力である。
そして、もっとすごい事には、普通の人があきらめるような局面でも、絶対にあきらめない。熱意よりパワーより何より、必要なものは
「しつこさ」
なのである。

『泉の法則』とは何かといえば、一言でいうと「しつこさの実践」である。

研究者は賢い。ゆえに、そんなしつこさは持ち合わせていない。しかし、本当に優秀な研究者となって新たな価値を発見するためには、何よりも、脳のしつこさが重要なのである。

アイディアが無限に、泉のように湧き出てくる真の天才脳をつくるための法則が『泉の法則』なのである。

これは頭の良さとは無関係である。

ここまで脳について学んできたあなたであれば、『泉の法則』を理解し、実践し、天才の脳を育てることができるだろう。

これからの経営者には、必須の成功条件である。

天才の脳をつくる究極の手法『泉の法則』

『泉の法則』とは、成功を信じる力「成信力」がつくり出す「脳のしつこさ」である。

たとえば、あなたが思う世界的な成功者とは誰か。その人の活躍を思い浮かべてみてほしい。

次から次へと、新たな発明や、驚くべき方針を打ち出し、世界を席巻するような経営者。不可能を可能にするような前人未到の成果を叩き出す、天才アスリート。

彼らに共通するのは、とことん追求する「しつこさ」である。そして、どこまでも成功を信じ、絶対にあきらめないしつこさを発揮した結果、「アイディア」も「行動」も、次から次へと「泉」のごとく湧き出してくるのである。

つまり、『泉の法則』とは、脳の異常な出力なのである。

『泉の法則』は、湧き出てくる特殊な出力である。
『泉の法則』は、普通の入力では起こらない。

普通の入力をしただけでは、『泉の法則』は起こらない。

では、そこに何があるのか。

脳の泉には、２種類ある。それは

・知識の泉

・行動の泉

である。知識の泉は、アイディアが湧き出てくる。行動の泉は、もちろん行動である。

この両方の泉において、出力を起こすことが必要である。脳は、入力と出力でできているからである。

ここでは、最初の出力が肝心である。まず最初にアイディアと行動が湧き出てきた時に、次のアイディアと行動の出力を即時に行うことである。それによって、次から次へと、泉のごとく、アイディアと行動が湧き出てくるのである。

普通の勉強をしたからといって、泉の法則は起こらない。

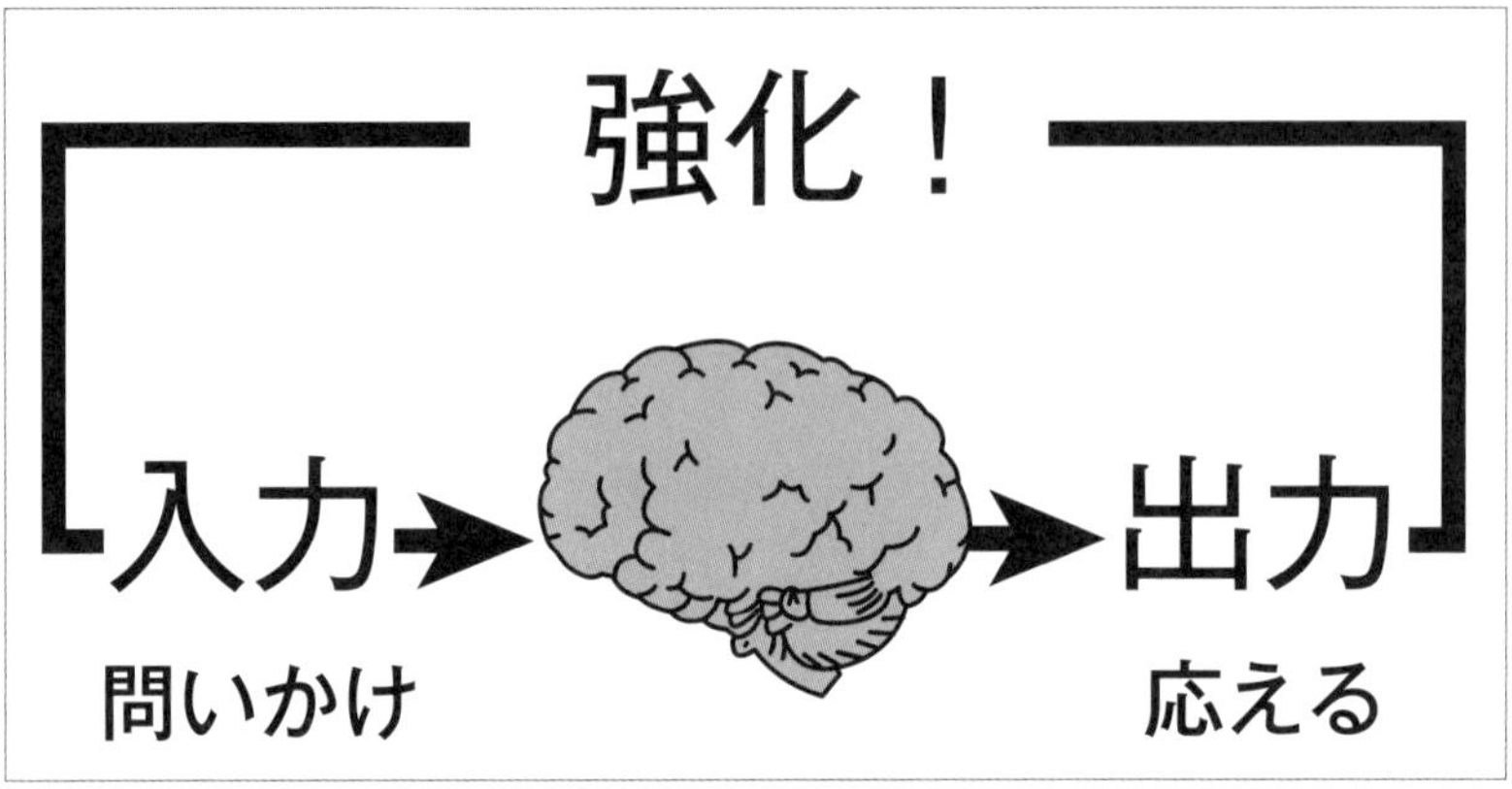

普通の練習をしても、泉の法則は起こらない。
天才は、行動するから出力が起こるのである。
つまり、行動を伴って出力することによって、脳の異常出力が起こる。これが『泉の法則』なのだ。
そして、それを司っているのが、ここでも、人間の本能反射領域である「憶聴」なのである。

脳は入力と出力でできている。入力の問いかけをすると、必ず出力が起こる。

ここで、出力されていったものが、再入力されて、強化され、脳の中に定着していく。そのうちに、脳が異常集中して、異常な出力を起こす。
これが『泉の法則』のメカニズムなのである。

「泉の法則」＝脳の出力の異常出力

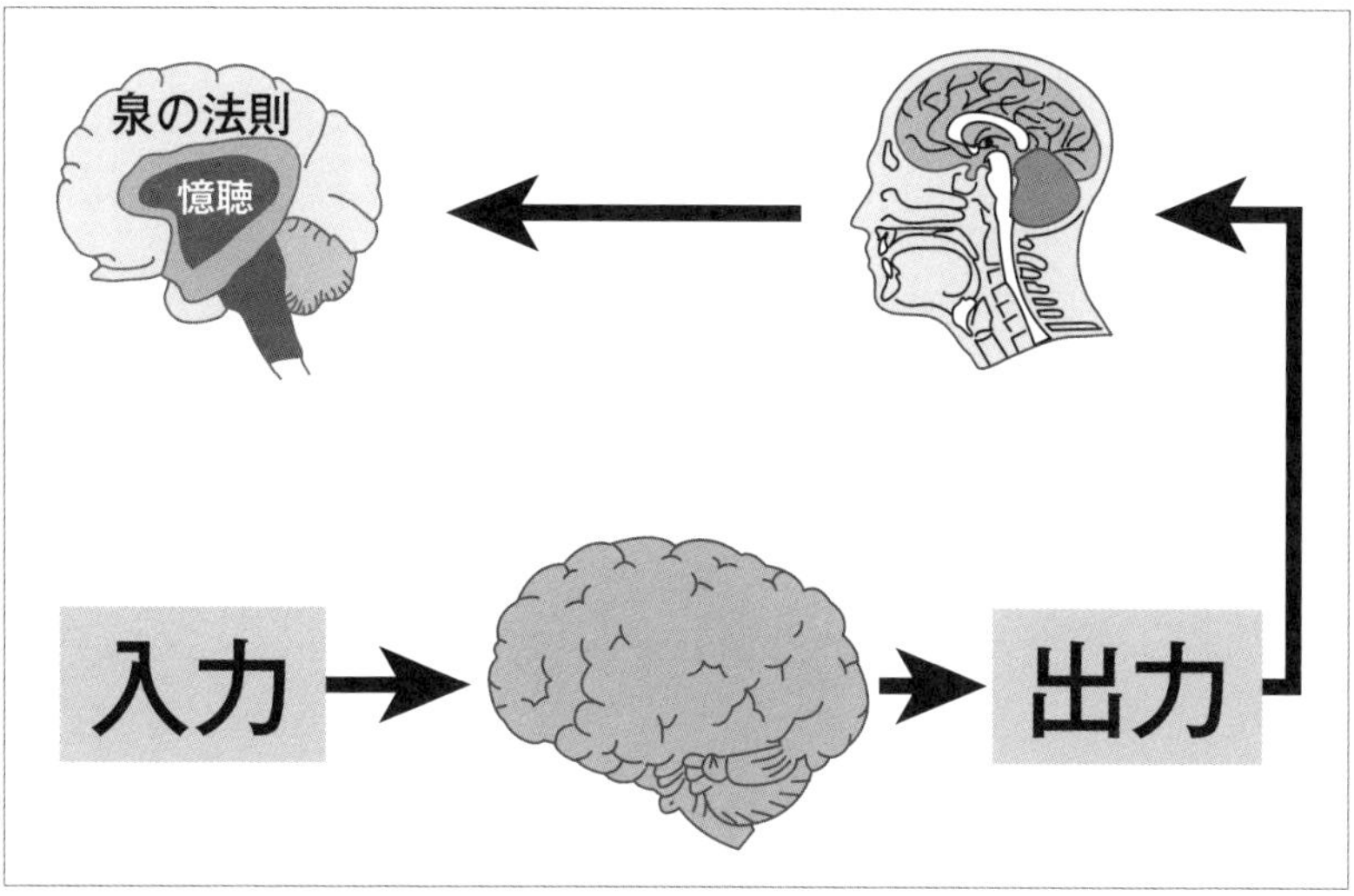

これが、たとえば普通の人の場合、自分の脳に入力するのは、たいていマイナスイメージであることが多い。

マイナスイメージを入力して、さらにマイナスな言葉を言ったり書いたりという出力を行うと、ますますマイナスが再入力される。

その結果、できない人間、不満だらけの人間が作られていくのである。

だから多くの人が、不満を持って生きているのだ。

世の中への不満も、みんな、自分の脳の入力と出力によって作られているのである。

『振り子の原則』と『チョロいの法則』の組み合わせ

そうならないためにはどうしたらいいのか。天才の脳は何をしているのかというと、ここで重要なのが『苦楽力』苦しみを楽しむ力なのである。

『振り子の原則』を、思い出してもらいたい。

脳の「扁桃核」によって人の感情は「快」「不快」を判断し、感情の脳「大脳辺縁系」に格納されていく。これを、苦楽力を発揮することによって、振り子のように「不快」の感情を「快」に持っていく。

私は、脳の苦しみこそ「真の力」だと思っている。

そして、この『振り子の原則』が、苦しみを力に変えるのである。

振り子は「快」と「不快」を行ったり来たりするわけだが、この動きが偏ってしまうと、心身症やうつ病になったり、場合によっては命を絶ったりするのである。

脳の振り子の原則「苦楽力」

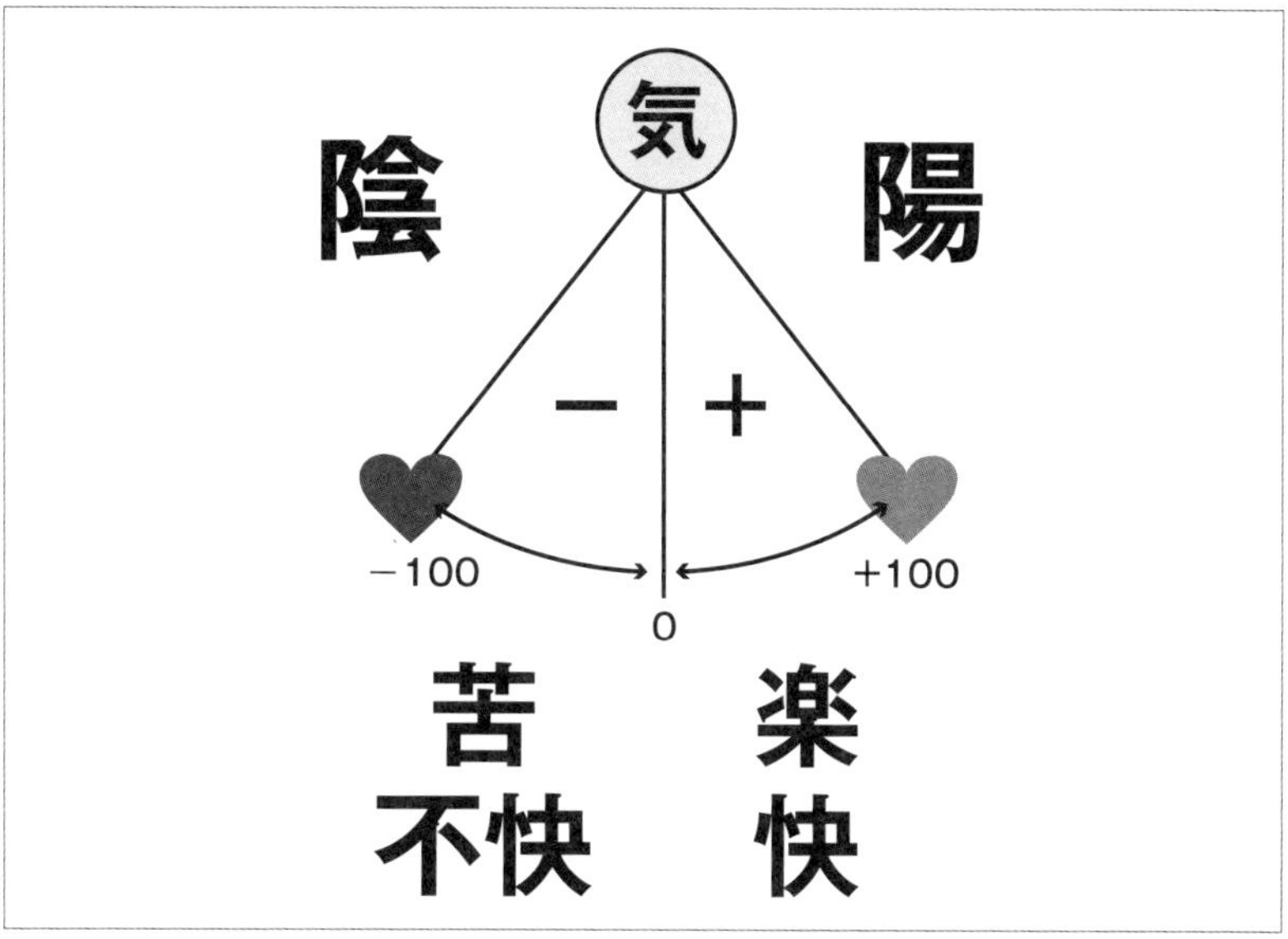

苦しいことはあっていいのである。苦しいことがあれば、「扁桃核」は「不快」にふれる。それをあとからでも回避すれば良いのである。

もし、苦しみが100あったとしよう。振り子を一気に「快」100までふることによって、「快」への振り幅は200となる。

もし苦しみがゼロだったら、「快」への振り幅は当然、100しかない。

つまり「不快」から「快」への振り幅の方が、２倍の「快」を味わうことができるということなのである。

これは実はとんでもない可能性を秘めている。苦しみは、『振り子の原則』をわかっていることによって、大きな「快」へと変わるのである。

それを知ってさえいれば、苦しみなど怖くもなんともない。むしろ、これから大きな成功を掴むための前哨戦なのだと思えるのである。

そして、ここに『チョロいの法則』が加われば、もう最強である。「チョロい」と思ったことは、なんでもできるのだ。

『振り子の原則』と『チョロいの法則』があれば、怖いものはない。苦しみを楽しみにかえ、「快」の振り幅を大きくすることができ、成功にますます近づく脳になることができる。

しかし、多くの人はそうは思えない。

冷静に判断してしまうというのは実に残念なことだ。その結果、行動できないのである。

脳の異常集中「ＲＡＳ」

これからの人間は、「本能の脳」「原始の脳」を鍛えなければならない。

その話をする時に、私がいつもお伝えするのが、ＲＡＳ（Reticular Activating System）脳幹網様体賦活系と呼ばれる部位のことである。心臓などを動かしている脳幹の奥の方に位置している。

ここは、五感から入る膨大な情報を、まるでフィルターのように振り分け、自分が関心のある情報だけを、無意識のうちにインプットする働きがある。

このＲＡＳが、脳が異常集中を起こすことにより、超能力のような力を発揮するのである。

聞こえるはずのない距離の声が聞こえる？

ＲＡＳ (Reticular Activating System)

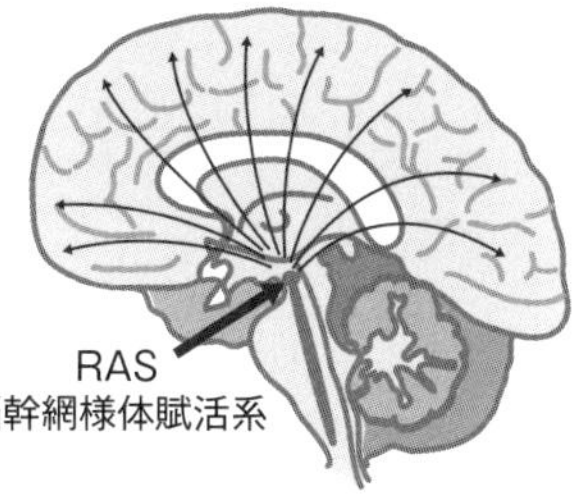

ある競技のオリンピック選手を指導した時のことである。

そのオリンピックの決勝戦の時、大きな歓声に包まれた会場の中で、スタンド席の弟の声だけがハッキリと聞こえたというのである。

普通に考えたら、ありえない距離である。しかも大勢の声の中で、聴き分けられるはずがない。

しかし、RASは、すべての音を消し、必要なものだけをキャッチした。


人間の脳には本能の部分がある。もともと、人間がここまで賢くなる前は、本能の脳で生きていたのだ。現代においては、特殊能力のように思えるかもしれない。しかし、その本能をどんどん開花させ、発揮させていくことも、私は大切だと思っている。

なぜなら、汎用人工知能が進化するようになれば、人間の脳に必要なのは、わずかばかりの知能を高めることより、原始的な脳を活用することだと思うからである。

脳を異常集中させ、どんな苦しいことがあっても振り子を「快」にし、チョロいと考えて、泉の法則を起こす以外にないのである。

これまでは研究者たちだけに、泉の法則を伝えてきた。一般の方にお話ししても、なかなか出来ることではないからである。

だいたいの人は否定から入る。

「いや、世の中そんなに甘くないですよ」

「人間なんて、そんなに賢くないですよ」

そう言って、他人の足を引っ張る人のなんと多いことであろうか。

私は、この本をお読みくださっているあなただから、『泉の法則』をお伝えしている。そして、あなたならきっと、この法則の本質を理解してくださると信じている。

ピグマリオンミーティング

『泉の法則』の絶対条件が３つある。それは、

１．脳の「チョロいの法則」を行う

2．ピグマリオンミーティングを行う

3．ツイてる脳の人と付き合う

お伝えする。

ことである。1は前項でお伝えしたので、ここでは「ピグマリオンミーティング」についてピグマリオンミーティングとは、ピグマリオン効果を使ったミーティングである。

ピグマリオン効果とは、教育心理学の法則のひとつで、

「人は、他人から期待されるほど意欲が引き出され、実際に成績が向上する」

というものである。

上司などと1対1で行うことが有効とされている。相手の行いや人間性、性格などに関わる良い面を徹底的に探して、徹底的にほめるというミーティングだ。

これは一般的に知られている手法でもあるが、『泉の法則』を起こすことを狙って実施すると、非常に効果が高い。

　ピグマリオンミーティングでは、否定的なことを決して言わないことである。もし、否定的なことを言う人がいたら、その人を避けるべきである。

　うまく実施することができたら、あとからあとから、どんどんアイディアが湧いてくる。まさに泉のごとくである。

　会社全体で実施できたら一番望ましいが、先ほども申し上げた、否定的な人を遠ざけることも重要なので、メンバーを絞っても良いだろう。

　そして、ピグマリオンミーティングにおいても、ツイてる人と付き合うべきである。ツイていない人は絶対避けなくてはならない。組織全体にツキがなくなってしまうからである。

　こういうことを申し上げても、たとえ優秀な研究者であっても、なかなか泉の法則を起こすことはできない。ごくごくたまにしか、泉の法則には到達しない。

　それほどに否定的なものを避けるというのは、一般に難しいことなのである。

　あなたにお願いしたいのは、絶対に自分は泉の法則を起こすのだということを、脳の中のもう一人のあなたに働きかけていただきたいのである。自分自身の脳に働きかけてもらいたい。

子どもの頃の脳には、否定的な考えなど存在しなかったはずである。なのに、大人になると、否定が当たり前になってしまった。そこを打ち破って欲しいのだ。誰もがそんなことはできないと言うのなら、絶対できないと言われることをしてやろうではないか。

ピグマリオンミーティングは、まず自分との約束である。

自分を絶対に否定しないことだ。

ツキの法則と、ドツボの法則！

本来、人間は完璧な超スーパーコンピューターである。それを、今までツイてないことばかり言っているうちに、自分自身を失敗ソフトウエアに変えてしまったのだ。

これは以前に発表した書籍の中でも紹介したことだが、「ツキの法則とドツボの法則」というのがある。

【ツキの法則とドツボの法則】

「ツキの法則」に乗っている時

★何をやっても面白いように上手くいく
★ツキと運のある人間と知り合いになる
★夫婦関係や人間関係が不思議と上手くいく
★努力をしていなくても運が向こうからくる
★ワクワクして良いアイデアが次々とひらめく

「ドツボの法則」に乗っている時

★一生懸命努力をしても全く上手くいかない
★ツキと運に見放されツキのない人と知り合いになる
★気をつけても夫婦関係や人間関係が悪くなる
★努力すればするほどますます状態が悪くなる
★もがけばもがくほどイライラして落ち着かない

ツキの法則に乗っている時というのは、面白いようにツキと運のある人と知り合いになる。人間関係や夫婦関係も不思議とうまくいき、良いアイディアがどんどんひらめいてくる。

ドツボの法則に乗っている時は、人間関係も、努力すればするほど状況が悪くなり、もがけばもがくほど、落ち着かない。

はっきり申し上げて、世の中にはこの2通りのタイプの人間しかいない。そして、圧倒的多数の人が、ドツボの法則で生きている。

『泉の法則』を起こす人は、ツキの法則に乗っている人である。

『泉の法則』を起こす「憶聴」の力

最後の核心に触れる。

『泉の法則』をいったいどこが起こしているのかというと、それは、結局、記憶の奥深くにある「憶聴」なのである。

憶聴については、本書全編を通して、折にふれ、さまざまな角度から説明をしてきた。意識ではどうにもできない脳の記憶データの貯蔵庫である。人間の「心」と「魂」それらすべてに影響を与えている、脳の特殊な機能である。

これこそが、人間の「脳の神秘」である。

そして、真の成功とは、この人間の無意識の脳「憶聴」を制したものが掴むものである。

また、記憶データは「憶聴バイパス」によって作られている。この憶聴バイパスを磨くことが、真の成功を導くのである。

これからは原始の脳、本能の脳を使うものでなければ成功できないと申し上げた。

それが『泉の法則』そして、この本『命と脳』の大きなテーマである。

今までは、人間の脳は常に進化を遂げてきた。賢くなった人間は、本能の脳を使わずとも上手く生きることができ、成功を収めることもできたのである。

逆にいえば、それほどのことしかやってこなかったということでもある。

しかし、これからは違う。

賢さならば、人工知能に遠く及ばない。しかも、科学技術の発達によって、人間の脳の機能はどんどん退化している。

これからを生き抜く者は、人工知能にはない原始の脳、本能の脳を使う者である。

私の研究人生の中で出会ってきた、たくさんの大成功者の特徴。それは原始の脳、本能の脳の欲求が恐ろしく強いということだ。長年の研究における、これが私の結論である。

新時代は、本能の脳による「超知性」の時代だ。

その脳力を目覚めさせ、究極の脳力開発に成功した者だけが、時代を制するであろう。

第9章

命と脳

命とは

人は所詮、100年生きたところで、36500日の命である。

今日は、ゴールから1日引いた日である。そして、そのゴールは、いつやってくるかわからない。

思えば、命とはなんと刹那なものであろうか。

「死後の世界」を信じる人は多い。しかし、私が科学的判断から申し上げるならば、天国も楽園も極楽浄土も、すべて宗教が作った概念である。人々が皆よい行いを心がけ、社会が安定するようにと、「戒めの錯覚」を導き出したのであろう。

それでも、私たちの体内には、間違いなく、祖先から脈々と受け継がれた遺伝子がある。

そして、先人が生き、創りあげてきたこの世界で、私たちが経験してきた膨大な記憶が、憶聴に深く刻まれている。

「靖国で会おう」と言って散った若者たちが信じた「魂」は、私たち日本人が、さまざまなものや事象に手を合わせ、拝み、祈ることで育ててきた。長い日本の歴史の中で、ずっとその心と魂を受け継いできたのである。

それはまぎれもない事実である。

そして、どんな命も、長い長い人との繋がりから生まれてきている。私たちの１００年の命は、千年、万年の先人達の命の繋がりから生まれているのだ。

命が大切な繋がりからできているということに気がついたなら、愚痴など吐いてはいられない。命の大切さに気づいた人は、限られた時間や財産を人のために使いたいと思うようになるだろう。

そして、誰もがいつか、自分も「先人」となる。

その時、子孫たちに、未来に、何を伝えていきたいと思うだろうか。何を遺したいと考えるだろうか。

それは、自分の人生の目的に繋がっている。自分がこの世に生まれてきた使命を教えてくれるのである。

いかに死ぬか

そして、人は誰ひとり例外なく、死を迎える。

人の死には2種類ある。ひとつは心臓死、もうひとつは脳死である。

現在の日本では多くの人の間で、心臓死が死と考えられている。血液が流れなくなり、やがて体も冷たくなるから、視覚的にも死と認識しやすい。

脳死は、脳の機能が失われているものの、人工呼吸器をつけていれば心臓は動くため、体はあたたかい。見た目だけでは寝ているように思える。

しかし、機械を外せばやがて心停止を迎える。臓器移植は、脳死が人の死であるという考えの下に行われているものである。


将来の人類が、使えなくなった部位を積極的に機械に取り替えて生きるようになった時には、死の概念はまた変わっていくであろう。

果たして、高機能な機械の身体に人間の脳が耐えられるのか、それはやってみなければわからないのだが、たとえ数百年生きながらえたとしても、やはり死の時は訪れる。脳が死んだ時である。

その脳すら、可塑性によってどんどん細胞が生まれ変わっている。

最後の最後に、その人の命の炎が消える時。

それは、その人を唯一形成していた「脳の記憶」が消えてゆく時である。これが本当の死である。


誰もが等しく死ぬ。しかし、考えてもみてほしい。

必ず終わりがあるということは、考えようによっては非常に面白いことではないだろうか。

何をやっても、必ず最後は、１００％死ぬのだ。こんなに面白いことはない。


さらに、私たちは「先人」として、これからを生きる人たちの記憶に、伝えたいことを刻んでいくことができる。遺していくことができるのだ。

自分の命が終わっても、他人の脳の中で、記憶は続く。

人間にとっての「命」とは、自らがこの世に生きた証を、その限りある時間を使って、未来へと刻み込んでいくことなのである。

私も70代を迎えてから、自分の衰えゆく細胞に、否応なく死を自覚させられるようになった。まったく、「老化」こそ、人間にとって究極の教育である。老いてゆく自分の身体に、なお教えられることがいかに多いことか。

人生は「五計」であるという。中国に古くから伝わる教訓を、昭和期に陽明学者である安岡正篤が訳した言葉がある。

生計　いかに生きるか
身計　いかに身を立てるか
家計　いかに家庭を築くか
老計　いかに老いるか
死計　いかに死ぬか

私はもう「死計」を考える時にきた。そして、自分が「いかに死ぬか」を考えた時、この日本に、１００人の本物を残して死んでいこうと考えた。

「１００社、１００物、１００人の法則」を伝え、その鍵となる『憶聴』を多くの人に伝えることによって、世界と戦える日本人、世界を軸に物事を考えられる日本人、そして日本を大切にできる日本人を残そうと考えたのである。


大切なことを大切な人たちに伝え、大切な人たちの力でよりよい世界を作ってほしい。「和の愛」に満ちた仲間を持ち、たった一度の人生を有意義に生きて欲しいのだ。


人の寿命はどんどん延びていく。死なない時代が到来する。

その時、「個の愛」しか持たず、長生きしてもたった一人で死んでいく人ではなく、「和の愛」の中で長生きし、皆に見守られて死んでいく人を増やしたいのである。


「いかに死ぬか」ということは、老いてから考えたのでは遅い。

いかに死ぬかは、「いかに生きるか」だからである。

本書を読んでくださったあなたには「死から考え、強く生きよう」とお伝えした。今あなたが何歳であろうと、今すぐ取り組んで早すぎることはない。「大器晩成」などと言っている人はアホである。「早く気づけ！」である。あっという間に人生は終わってしまうのだから。

生きて教育、死して教育

かつて、私が行なってきた経営者向けの勉強会に、非常に特殊な内容のものがあった。それは「遺言書」の書き方をすべて教え、実際に遺言書を書いてもらうというものである。

なぜ、遺言書を書くことが大事なのか。

ここでは財産分配の意思表示をすることが目的なのではない。

遺言書には、死にゆく人の本心と、死しての教育が書かれるからである。生きている人の性根は、遺言でわかるのだ。人が死ぬ時の遺言書には本当のことが書かれるのである。

私が提唱する思考法に『有無無有思考《うむむゆうしこう》』というものがある。

天と地が一対であるように、思考にも「自分になくて他人にあるもの」「自分にあって他人にないもの」というように、一対の視点がある。この思考法はさまざまな局面で役に立つものである。

この、遺言書を書くという取り組みにおいても、「自分の命がまだあるうちに、なくなったことを想定して思考する」という有無無有思考が働く。

ねらいは、それによって脳が異常集中することだ。

有無無有思考は、自分では思いもかけなかったような結論をあぶり出す。つまり、その人が「本当に考えていること」が、遺言書に現れるのである。

「臨終正念」という仏教の言葉があると申し上げた。命の終わりに、心乱れることなく、執着に苛まれることのない、穏やかな状態のことである。

これに対して、私は「臨終怨念」というのもあると考えている。

受講した経営者の中に、莫大な財産を息子に相続させずに全額を寄付する、という遺言書を書く人があった。最後の最後に、怨みが現れたのだ。まさに「臨終怨念」である。

そこに書かれていることが、真実なのだ。日々、息子が親に対してどんな接し方をしてきたかが推し測られよう。親への感謝がないのである。

本人も身を切るような辛さであり、息子も可哀想ではある。しかし、これは、「天に向かって唾を吐いたように、お前は自分を改めるべきだ」という、親から子へ最後に贈る渾身の教えなのである。これが「死して教育」だ。

人は、臨終の時に真の値打ちが出る。

生きている間に人に伝えられることは多々あるが、死ぬ時にこそ人に教えられることがある。

生きて教育、死して教育。そのように人生を終われたら幸いである。

「温故知新」を超えて

ギリシャの哲学者、ソクラテスは言った。

「結婚しなさい。

良妻に出会えば、君は幸せになる。
悪妻と出会えば、君は哲学者になる」

宗教には、経典という「答え」があるが、哲学には、突き詰めれば突き詰めるほど、答えはない。経営者は、ビジネスという哲学を追求して生きている。

孔子の「論語」は、多くの人が知る。

吾、十有五にして学に志す
三十にして立つ
四十にして惑わず
五十にして天命を知る
六十にして耳順《みみしたが》う
七十にして心の欲する所に従えども矩《のり》を踰《こ》えず

よき言葉である。しかし、どう考えても、もう論語は古い。孔子は、紀元前5世紀の人間だ。「温故知新」とは、昔の事をたずね、求めて、そこから新しい知識や見解を導くことである。しかし、今はもう「知識は人工知能にたずねよ」の時代である。

40歳にして不惑、などと悠長なことを言っている場合ではない。40代以上の人間こそ究極の能力を急いで身につけなくてはならない。科学技術の進歩を、世界の進化を、とらえてあと何十年も歩まなければならないのだ。

究極の能力、それは「思想」である。

古い知識をただなぞるのはもう終わりだ。私たちには先祖から与えられた脳によって、そこから新しいものを導き出す「知性」が必要である。

それを生み出すのが「思想力」である。

今こそ、温故知新を超えなくてはならない。自ら、新しい思想を生み出さなくてはならない。40歳を過ぎたら「人間学」を語るのだ。人は、何のために生きているのか、自分自身の価値観を体系化するのだ。

嘘でもいい。

語り続ければ、脳は、必ず実現する。

大人になれないバカに、決してなってはいけない。４０歳も過ぎてお金のことしか考えていないのは、大人になれないバカである。

自分の心と魂は脳が作る。４０歳を過ぎても自分の脳をコントロールできないのは、ただの間抜けだ。

プライドと誇り

プライドはいらない。誇りを持って生きようではないか。誇りは、心と魂を育てる。命よりも大切なのは、自らの心と魂なのである。

では、誇りをどう持ち、どう育てるのか。

ここで大切なのは、人には「品」が必要だということだ。品位・品性・品格である。人には「知性的優秀」と「品性的優秀」がある。ノーベル賞は一代で取れるが、真の品性・品格は一代では到底つかない。真の優秀さとは、品性・品格から生み出されるものなのである。それが誇りを育てることにつながる。

ますます難しい話である。

いったいどうしたら、そんなことを身につけることができるのか。

実は、私たち日本人には、世界にはない「お手本」がある。

それが天皇家だ。皇紀２６８５年、世界に類を見ない、永く継承されてきた国である。日本に生まれた私たちには、先人が伝承伝達してきた知恵がある。先人から受け継いだ「和の愛」があるのである。

日本人のビジネスは、魂のある哲学だ。海外のそれは「個の愛」から生まれたものでしかない。「社会的成功」と「人間的成功」の両輪が大切であることを、「和の愛」の仲間と真の友を持つことの尊さを、先人たちは魂のレベルで私たちに既に伝え続けてきてくれたのである。

先人に学べる国に生まれたことを、私たちは誇りに思うことができるのだ。

お上品を気取っていても、ビジネスは勝てない。そういう表面的な話ではない。この日本に生まれたことを、先人の魂を受け継いでいることを誇りに感じるだけで、人間としての品位・品性・品格が育つ。自分の心と魂に、誇りを持つことができるのである。

哲学者であれ

「真我《しんが》」という言葉がある。

古代インドの哲学から派生した言葉で「本来の自分」「真実の自分自身」を指す言葉である。真の感謝から引き出される、本当の自分のことである。

時に人は、嘘の自分でいるほうが幸せかも、と思うこともある。脳の潜在意識の中で、多くの人は本当の自分で生きてはいない。ごまかしの自分で生きている。それは真我ではないということである。

経営者の戦いで一番大切なのは、「知」「徳」「胆」の最後にある「胆力」である。ごまかしの自分で生きて、いっときは良いかも知れないが、長く続くことはない。本当の自分で戦うことが大切である。真我でいることである。

そのためには、自分の中に「要《かなめ》」を持たなくてはならない。

ひとつは、脳の中にある「記憶の要」である。

要とは、扇の要の部分をイメージしてもらいたい。扇には、要があり、親骨があり、中骨があり、扇面がある。

要よりも、美しい扇面のほうが目に止まる。しかし、扇をつくっている一番大切なものは、要である。

要は目に見えない力だ。目に見えない力の大切さを知ることである。

記憶の要とは、よい記憶のことである。本人の意識に関係なく、よい記憶が幸せをつくる。これが、脳の要となる。

そして、「人の要」である。

言うまでもなく、人との出会いによって、一瞬で脳は変わる。出会いで、感覚破壊が起こるのだ。

出会いによって、人は気づき、学び始め、行動が変わる。しかし、行動してみると上手くいかない。そこで問題を解決しようとする脳が働く。

その時、声が聴こえる。

「お前には、ちゃんと教えただろう」

憶聴が聴かせてくれる、天の声だ。


父の声、母の声、きょうだいの声、お世話になった師の声。

ご存命のかたの声、もうお亡くなりになった方の声。


さまざまな天の声が、本能の脳を揺さぶる。

その声に導かれて、人は「道」をつくっていくのである。


そうして、あなたの「今」が、ここにある。

道は、ここからまた始まり、続いていくのである。


人には、三つの理がある。

ひとつは「真理」である。真理は正しさの追求である。正しさを求めることは非常に重要だ。研究者が追求しているのは真理である。

しかし、人が生きていく上で、真理だけでは足りない。正しさとは、その人の前提条件で変わるからだ。何が正しいかはその人によって違うからである。

そこで大切になってくるのが「道理」である。

道理とは、世間一般の道理に合わせる、その人その人の道理に合わせる、といった「相手を思いやる心」である。ものごとを追求するには、真理だけでなく、道理も持ち合わせていなければならない。

しかし、まだ足りないものがある。３つめの「理」、それが「天理」である。

天理は、宗教的に追求するものではなく、科学的に追求するものだ。

人は「正しい」と思った瞬間に、思考停止する生き物である。何が正しいか正しくないかという判断になったところで、思考停止を起こし、力関係だけで終わってしまう。人類の成長をそこで止めてしまう恐れがあるのだ。

そこで、正しさを真理や道理に求めるだけではなく、天の理に尋ね続けていくことが大切なのである。だから三つの理＝三理、なのである。

私は人生で出会った師にそのことを教わることができた。そして、自らの会社を興す時、その名前に「サンリ」と冠した。

　これが私の、人生の要である。


　あなたの人生の要を探してほしい。

　そのために、あなたは哲学者であっていただきたい。あなたの「命と脳」を使い、あなたという人の記憶を、未来へと刻み込んでほしい。そして、未来の子どもたちに伝えてほしいのだ。

　あなたたちの「命と脳」は、あなた自身を幸せにするために、あるのだということを。

特別付録

「命と脳」に深く刻み込む「１９のワークシート」について

反復して「憶聴」に刻み込む

本書をお読みくださったあなたの脳に、本書で知り得たことを刻み込んでいただくために、特別にワークシートをご用意した。

このワークシートは「何ページを読んだら、このシートを記入する」というような、ページ対応の形式にはなっていない。

本書は、「命」と「脳」について、さまざまな角度から光をあて、論じてきた。大切なことは時にくり返し、心と魂に深く刻み込んでいただくことを願っている。

今、あなたの脳の中は、膨大な新しい情報と、数々の気づきが「短期記憶」として格納された状態である。

そこで、この19のワークシートを使って、本書の内容を反復し、自分自身のこととして、自分の感情とともに深く、心と魂の領域「憶聴」まで刻み込んでいただきたい。

そして、可能であれば、何度も反復し、己の脳に問いかけるためのツールとして、長くご使用いただきたい。以下に、各シートについて述べる。

「錯覚の法則」を使いこなす

世の中がいかに錯覚にあふれているか、あなたがいかに錯覚して生きているか、多くの気づきがあったのではないだろうか。

このワークシートは、それを「自分ごと」に落とし込み、考えを深めていただくためにある。自分自身のビジネスへの新しいヒントとしていただきたい。

■あなたの脳がこれまで錯覚してきたと思うことを書いてみよう。

■同業他社などで「錯覚を利用しているビジネス」の事例を挙げてみよう。

■あなたのビジネスで、錯覚の法則を上手に活用できるアイディアを挙げよう。

■それを実現するために必要なことは何か。

「無双拝」～拝む脳をつくる ①②③

あなただけの十方を作っていただくためのシートである。

改めて、それぞれへの感謝を記してみよう。「普段は、口に出さないけれど感謝している」というのはダメである。言葉の力を使おう。

たくさんのプラスの言葉で、それぞれへの感謝を伝えよう。

① 両親に感謝

② 家族（配偶者・子ども・兄弟姉妹）に感謝

③ 祖父母・先祖に感謝

④ 親戚・血縁に感謝

⑤お世話になった師に感謝

⑥友人・知人・地縁に感謝

⑦天（天空）の自然に感謝

⑧地（大地）の自然に感謝

⑨日本（天皇）・国・故郷に感謝

⑩宇宙・地球・信仰している宗教に感謝

無双拝　十方

十方に相手の名前や感謝の言葉を記入し、あなたの「無双拝　十方」を完成させよう。毎日拝む場所の壁に貼ると良いだろう。拝むことは、いつでもどこでもできるが、最初のうちは決まった場所を決めて、そこで反復することをお勧めする。

「突き抜ける人になる覚悟」を試すワーク　①②③④⑤

「突き抜けの法則」を体得するための『10の原則』に沿って、あなたが0.01%の突き抜ける人になるための覚悟を試すワークである。

同時に、本書に書かせていただいた脳の成功法則全体のおさらいにもなるだろう。

ぜひ、自己分析しながら書いてもらいたい。この時大切なことは

「反省してはいけない」

「否定的な言葉を使わない」

ことである。

楽しみながら、取り組んでみよう。

①ツキと運の根本的な違いを知れ

・「ツキ」を掴んだ経験があるか。それはどのようなものか。

・「運」を掴んだ経験があるか。それはどのようなものか。

・あなたが「苦楽力（苦しみを楽しむ力）」で突き抜けるために、現在大切にしていることは何か。そして、これから必要だと思うことは何か。

②生きる目的と手段の違いを知れ

・あなたが生きる真の目的とは何か。

③出会いの人間学を知れ

・あなたがこれまで「最高の出会いをした」と思う経験を挙げよう。

・これから、誰（どんな人）と、どのような目的を持って会いたいか。

・あなたにとって「出会い」とは、どのようなものか。

④「経験こそ財産である」を知れ

・あなたのこれまでの人生で「財産だ」といえる経験を挙げよう。

⑤友には質がある。「真の友、魂友を大切にせよ」を知れ

・あなたには真の友がいるか。自分の心と魂に問いかけ、友の名を書こう。

友達

親友

心友

魂友

⑥登る山を決めよ「登る山によって全てが決まる」を知れ

・あなたが登る山はどこか。目標を掲げよう。

・その山に登るために必要な装備を挙げてみよう。

必要なもの

必要な友

必要な資金

その他、必要なこと

⑦「社会的成功と人間的成功を錯覚するな」を知れ

・あなたにとっての「社会的成功」とは何か。

・あなたにとっての「人間的成功」とは何か。

・「社会的成功」と「人間的成功」を錯覚しないために、あなたが心がけたいことは何か。

⑧「愛は脳の究極の錯覚である」を知れ

・あなたが錯覚を続ける努力をしてでも究極に守りたい「愛」とは？

⑨「勉強の質が大切である」を知れ

・あなたは、自分のどのようなところを「無知」だと思うか。

・あなたがもっと学びたいと考えることは何か。

⑩「脳の判断には、科学的な感覚と宗教的な感覚で、ものを考える2種類がある」を知れ

・あなたの脳の中に「神様」を作ろう。あなたの神は誰か。

「突き抜けの法則」７つの鉄則ワーク　①②③④

「突き抜けの法則」７つの鉄則を実践していくにあたり、今の自分の状況を確認したり、実行したことを振り返るためのセルフチェックシートである。

① **戒めの法則　～先祖調査を計画しよう**

役所はどこか

菩提寺はどこか

その他、調べられる場所・人はないか

実施スケジュール

② **Ｎｏ．２の実績考課をしてみよう。**

③ **あなたにとっての「自分以外を喜ばせる幸せ」＝『他喜力』とは何か。**

・人類への他喜力

・国民への他喜力
・消費者への他喜力
・お客様への他喜力
・上司への他喜力
・部下への他喜力
・配偶者への他喜力

④　１０人の法則

お世話になった１０人の方との「良い別れ」について考える。

・１０人のお名前を記載する
・それぞれに「良い別れ」であったか、振り返る
・恩を伝えるために、今後できることは何か

憶聴を起こす「イメージ」「言葉」「動作」

イメージ（祈る・拝む）×プラスの言葉×動作を連動させ、反復することによって、記憶の奥深くに働きかけ、よい憶聴を作ることができる。

あなたの憶聴を起こす「イメージ」「言葉」「動作」を決め、実践しよう。

■何をイメージするか（祈る、拝む対象。イメージすること　など）

■プラスの言葉を決める

■連動する動作を決める（例：No．1ポーズ　など）

あなたの名前に刻まれた、日本人の命

あなたの名前の一文字一文字には、先祖から受け継いだ思いと、両親の願いが込められている。あなたの名前の文字をそれぞれ調べ、意味を考えてみよう。

あなたの名前を一文字ずつ、分析してみよう。

また、漢字ではなく、ひらがな・カタカナの名前を持つ人もいる。

ひらがな・カタカナの名前にも、それぞれ名づけられた意味があるはずである。名前の由来を知らなければ、この機会に調べてみよう。

■名前を1文字ずつ書く

■文字ごとの「音読み」「訓読み」を調べる

■文字の持つ「意味」を考える

■親と先祖から受け継いだ「自分の名前の意味」を考える

自分との「ピグマリオンミーティング」

本来は、上司や部下と取り組む「ピグマリオンミーティング」だが、これは、あなたが自分自身と「ピグマリオンミーティング」をするためのシートである。

肯定的な言葉で、あなたの脳の入力と出力を繰り返し、『泉の法則』を起こそう。

そして最後には、あなたの信念を言葉にして表明しよう。

その言葉を繰り返すことによって、あなたにも『信念の魔術』が宿る。

■あなたの長所、あなたがツイてると思うことを書き出そう。

■あなたのこれまでの実績を褒めよう。

■「こうすれば、あなたはさらに実績を上げる！」と思うこと

■『信念の魔術』あなたの信念を、言葉にして表明しよう。

（例：俺はやる、何があってもやり遂げる。俺は負けない。自分の脳に感謝する。俺は明るく強く、必ずやり遂げる）

死を考え、強く生きる！

命とは「時」である。
自分の命の時間を、どう使って生きるか。「死」から考え、強く生きる指針としよう。

1）生を考える　～あなたは今日からどう生きていきたいか
2）死を考える　～あなたの理想の死に方は
3）役割を考える～この生におけるあなたの役割は何か
4）決断する　～残りの命の時間のために、決断することは何か

あとがき　超知性の時代を生きる人たちへ

世界一の歴史を持つ日本という国が、いま崩れようとしている。

国があるための３つの条件とは
①領土　土地がなければ国が成り立たない
②国民　土地があっても、人がいなければ国ではない
③主権　自分たちの国の政治を、自分たちで決める権利
である。

日本はこの点において、神武天皇が即位したとされる紀元前６６０年を元年として、皇紀２６８５年の歴史を刻んできた。世界で最も長く続いてきた国である。

国家を構成する人間とは、その国の国籍を持っている人などさまざまな定義があるが、いずれにしても帰属する国で、国民として認められた権利を持ち、同時に義務を負う人のことである。

その国民の最小の集団が「家族」である。

家族とは、夫婦・親子を中心とする近親者によって構成されている。

家族には2種類がある。

①　定位家族　　子供として生まれ育った家族

②　生殖家族　　結婚することで新たに作る家族

日本の家族が壊れていっている。それは、定位家族を大切にせず、生殖家族だけを大切にしてきたからだと、私は考えている。

自分勝手な愛、都合の愛を優先してきた結果、人々の心に分離不安が広がった。究極の孤独時代である。

いま50代の人も、これから20年先、30年先、面倒を見てくれる人はいなくなる。

少子化だけが問題なのではない。若い人は、海外へ出て働くようになるであろう。このままでは日本は魅力のない国になってしまう。

誰でも長生きできる世の中なのに、とんでもなく自殺者が増える国になってしまう可能性があるのだ。

また、命をかけて女性を守る男。かつての日本人のその心と魂には、凄まじいものがあった。それすらも全部壊れてしまっている。

ビジネスは、どこを見回しても、騙し合いのテクニックだけが氾濫している。

このような時代をこれから生きる人たちに向けて、私の50年に及ぶ脳研究の最後の結論を伝えて死んでいきたい。そう考え、本書を著した。

これまでの世界は、「知識の時代」であった。文字によって人は知識を得た。学校教育で大人が子どもに知識を与えることが大前提であった。

やがて、人は、ネットを使って知識を大量に取り入れることができるようになった。

もう賢い大人が教えなくても、人は膨大な知識を得ることができる。そこへ人工知能時代の到来である。

多くの人が、自分のパソコンで人工知能を使うようになった。しかし、いまの時点では、まだ「知識の獲得」に使っている人がほとんどだ。ネット検索の域を出ていない。

しかし、世の中のリーダーたちは既に「知性の獲得」に向かっている。おそらく未来はそちらの方向に進んでいくだろう。

つまり、「知識の時代」から「知性の時代」への進化である。

人工知能の時代においても、既に二極化がなされているのだ。そして、多くの人がそこから取り残されていっている。


もう知識の時代ではない。知性の時代も越えなくてはならない。

「超知性」の時代である。


それが憶聴である。本能の脳である。

生き残るには、あなたの脳を変え、奥深くに刻まれる記憶から憶聴を起こし、ヒラメキを泉のごとく生み出し続ける「超知性」を創り出すことである。

「超知性」を持つ人間だけが、これからの地球に生き残っていく。

日本を生きるあなたに、今、伝えたいことを書かせていただいた。

紙の本も消えゆく昨今である。知識の時代の遺物として、そのうち骨董品のように扱われる日が来るかもしれない。しかし、100年後にも、子孫が本棚に残しておきたいと思える1冊にしたい、その思いで書き記した。私の最後の伝達である。

100年後の日本人が、地球上で、日本人として生き残っていることを願いながら、今の日本を生きるあなたへ、この本を託す。

2025年1月

西田文郎

参考文献・ウェブサイト

『強運の法則』西田文郎著／日本経営合理化協会
『天運の法則』西田文郎著／現代書林
『人望の法則』西田文郎著／日本経営合理化協会
『Ｎｏ．１理論』西田文郎著／現代書林
『面白いほど成功するツキの大原則』西田文郎著／現代書林
『一瞬で人生が変わる恩返しの法則』西田文郎著／ソフトバンク クリエイティブ
『かもの法則』西田文郎著／現代書林
『１０人の法則』西田文郎著／現代書林
『錯覚の法則』西田文郎著／現代書林
『Ｎｏ．２理論』西田文郎著／現代書林
『憶聴の法則』西田文郎著／美里出版

参考文献

警察庁ウェブサイト　https://www.npa.go.jp/

厚生労働省ウェブサイト　https://www.mhlw.go.jp/

総務省消防庁ウェブサイト　https://www.fdma.go.jp/

WHO, "Depressive disorder (depression)"

WHO, Depression and other common mental disorders: global health estimates, 2017

本田技研工業株式会社　ウェブサイト　https://global.honda/jp/

著者略歴

西田文郎（にしだ・ふみお）

株式会社サンリ会長。西田塾塾長。西田会会長。1949年生まれ。

日本のビジネス界、スポーツ界、教育界、その他多くの分野に科学的なメンタルマネージメントの導入を行ったメンタルトレーニング指導のパイオニア。日本におけるメンタルトレーニングの第一人者である。

1970年代から科学的なメンタルトレーニングの研究を始め、大脳生理学と心理学を利用して脳の機能にアプローチする画期的なノウハウ『スーパーブレイントレーニングシステム（SBT）』を構築。日本の経営者、ビジネスマンの能力開発指導に多数携わり、驚異的なトップビジネスマンを数多く育成している。

また、スポーツの分野でも科学的なメンタルトレーニング指導を行い、多くのトップアスリートを成功に導いている。ジャンルを問わず、指導を受けた組織や個人に驚異的な大変革が起こるため『能力開発の魔術師』と呼ばれている。


主な著作に『強運の法則』『人望の法則』（日本経営合理化協会出版局）、『天運の法則』『No.1理論』『面白いほど成功するツキの大原則』『かもの法則』『10人の法則』（現代書林）、『億聴の法則』（美里出版）など、これまでの著書は70冊を超える。

西田文郎　公式Webサイト
https://nishida-fumio.com/
西田文郎　公式Facebookページ
https://www.facebook.com/nishidafumio.sanri
株式会社サンリ　Webサイト
https://sanri.co.jp/

命と脳
―人類にしか成し得ない『成功と幸せの科学』―

二〇二五年　二月二〇日　初版第1刷　発行
　　　　　　四月二四日　第 3 刷　発行

著　者　西田文郎
発行者　石川真紀子
発行所　海辺の出版社
〒二五三―〇〇五六
神奈川県茅ヶ崎市共恵一―一―五―三階
コープレイス茅ヶ崎
本書へのお問い合わせ先
(Email)　info@umibe.fun
URL　https://umibe.fun/

装丁・ブックデザイン　上筋英彌（アップライン）
写真　Shutterstock
印刷　（株）エデュプレス
製本　（株）ディスカバリー

特別付録

「命と脳」に深く刻み込む［19のワークシート］

「錯覚の法則」を使いこなす

●あなたの脳がこれまで錯覚してきたと思うことを書いてみよう。

●同業他社などで「錯覚を利用しているビジネス」の事例を挙げてみよう。

●あなたのビジネスで、錯覚の法則を上手に活用できるアイディアを挙げよう。

●それを実現するために必要なことは何か。

西田文郎「命と脳」

「無双拝」～拝む脳をつくる ①

十方それぞれに感謝の言葉をあらわしましょう。
これから毎日拝む指針として、具体的かつ魂からの言葉であることが大切です。

① 両親に感謝

② 家族（配偶者・子ども・兄弟姉妹）に感謝

③ 祖父母・先祖に感謝

「無双拝」～拝む脳をつくる ②

十方それぞれに感謝の言葉をあらわしましょう。
これから毎日拝む指針として、具体的かつ魂からの言葉であることが大切です。

④ 親戚・血縁に感謝

⑤ お世話になった師に感謝

⑥ 友人・知人・地縁に感謝

「無双拝」～拝む脳をつくる ③

十方それぞれに感謝の言葉をあらわしましょう。
これから毎日拝む指針として、具体的かつ魂からの言葉であることが大切です。

⑦天（天空）の自然に感謝

⑧地（大地）の自然に感謝

⑨日本（天皇）・国・故郷に感謝

⑩宇宙・地球・信仰している宗教に感謝

無双拝　十方

空いているところに、名前や言葉を記入し、あなたの十方を完成させましょう。
「両親」から反時計回りに、感謝を捧げて毎日拝みます。

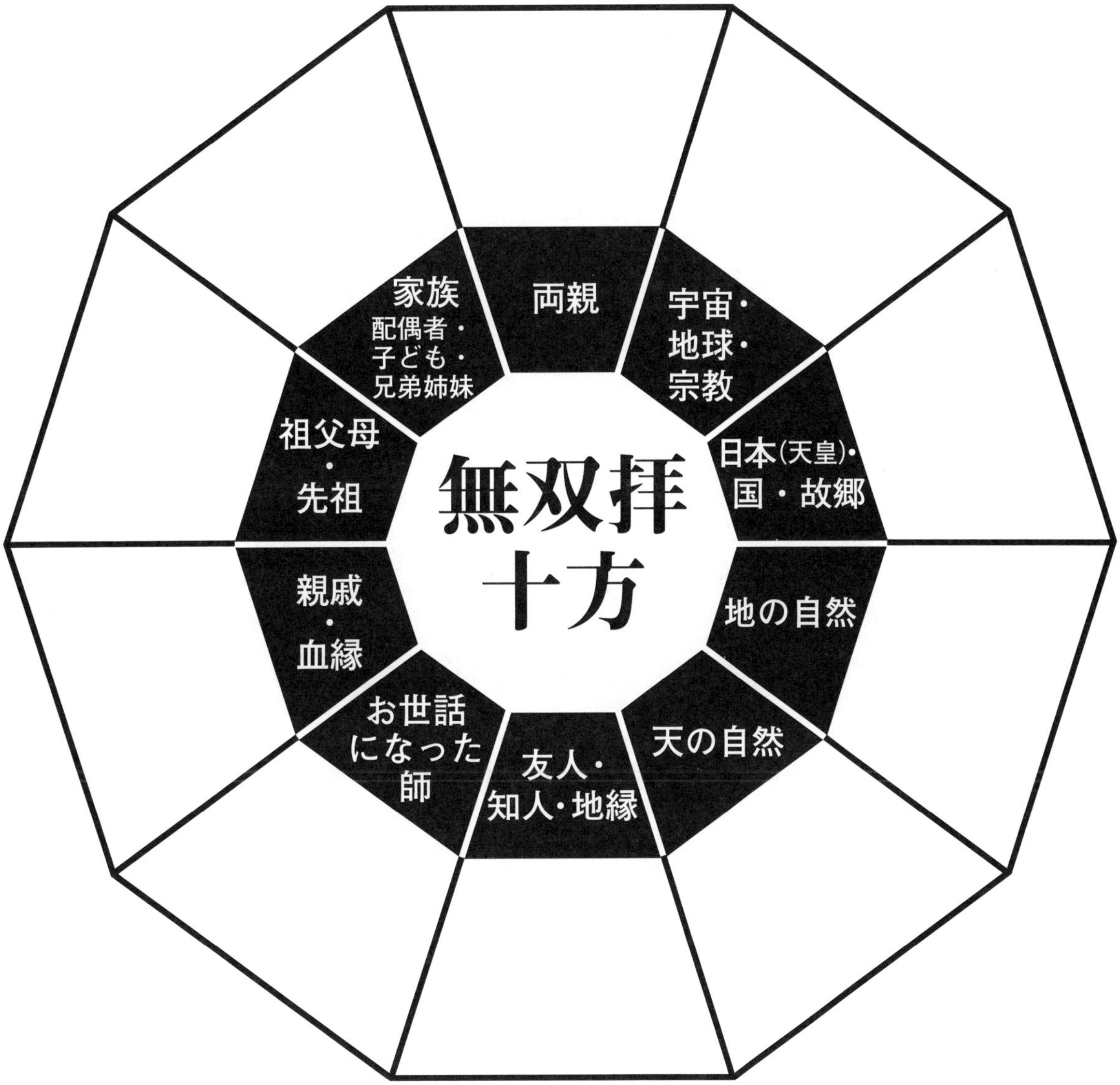

「無双拝」「十方拝」の語句は、株式会社サンリの登録商標です。

西田文郎「命と脳」

「突き抜ける人になる覚悟」を試すワーク ①

「突き抜けの法則」を体得するための『10の基本原則』に則り、
自分の脳の抑制を取り払い、0.01％の突き抜ける人になる覚悟があるか
自己分析するためのワークです。

① ツキと運の根本的な違いを知れ

- 「ツキ」を掴んだ経験があるか。それはどのようなものか。

- 「運」を掴んだ経験があるか。それはどのようなものか。

- あなたが「苦楽力（苦しみを楽しむ力）」で突き抜けるために、現在大切にしていることは何か。
  そして、これから必要だと思うことは何か。

② 生きる目的と手段の違いを知れ

- あなたが生きる真の目的とは何か。

西田文郎「命と脳」

「突き抜ける人になる覚悟」を試すワーク ②

「突き抜けの法則」を体得するための『10の基本原則』に則り、
自分の脳の抑制を取り払い、0.01％の突き抜ける人になる覚悟があるか
自己分析するためのワークです。

③出会いの人間学を知れ

●あなたがこれまで「最高の出会いをした」と思う経験を挙げよう。

●これから、誰（どんな人）と、どのような目的を持って会いたいか。

●あなたにとって「出会い」とは、どのようなものか。

④「経験こそ財産である」を知れ

●あなたのこれまでの人生で「財産だ」といえる経験を挙げよう。

西田文郎「命と脳」

「突き抜ける人になる覚悟」を試すワーク ③

「突き抜けの法則」を体得するための『10の基本原則』に則り、
自分の脳の抑制を取り払い、0.01%の突き抜ける人になる覚悟があるか
自己分析するためのワークです。

⑤ 友には質がある「真の友、魂友を大切にせよ」を知れ

●あなたには真の友がいるか。自分の心と魂に問いかけ、友の名を書こう。

＜友達＞
＜親友＞
＜心友＞
＜魂友＞

西田文郎「命と脳」

「突き抜ける人になる覚悟」を試すワーク ④

「突き抜けの法則」を体得するための『10の基本原則』に則り、
自分の脳の抑制を取り払い、0.01％の突き抜ける人になる覚悟があるか
自己分析するためのワークです。

⑥登る山を決めよ「登る山によって全てが決まる」を知れ

● あなたが登る山はどこか。目標を掲げよう。

● その山に登るために必要な装備を挙げてみよう。

＜必要なもの＞
＜必要な友＞
＜必要な資金＞
＜その他、必要なこと＞

西田文郎「命と脳」

「突き抜ける人になる覚悟」を試すワーク ⑤

「突き抜けの法則」を体得するための『10の基本原則』に則り、
自分の脳の抑制を取り払い、0.01％の突き抜ける人になる覚悟があるか
自己分析するためのワークです。

⑦「社会的成功と人間的成功を錯覚するな」を知れ

- あなたにとっての「社会的成功」とは何か。

- あなたにとっての「人間的成功」とは何か。

- 「社会的成功」と「人間的成功」を錯覚しないために、あなたが心がけたいことは何か。

⑧「愛は脳の究極の錯覚である」を知れ

- あなたが錯覚を続ける努力をしてでも究極に守りたい「愛」とは？

西田文郎「命と脳」

「突き抜ける人になる覚悟」を試すワーク ⑥

「突き抜けの法則」を体得するための『10の基本原則』に則り、
自分の脳の抑制を取り払い、0.01％の突き抜ける人になる覚悟があるか
自己分析するためのワークです。

⑨「勉強の質が大切である」を知れ

● あなたは、自分のどのようなところを「無知」だと思うか

● あなたがもっと学びたいと考えることは何か。

⑩「脳の判断には、科学的な感覚と宗教的な感覚で、ものを考える２種類がある」を知れ

● あなたの脳の中に「神様」を作ろう。あなたの神は誰か。

西田文郎「命と脳」

「突き抜けの法則」7つの鉄則ワーク ①

「突き抜けの法則」７つの鉄則を実践するにあたっての、セルフチェックに活用していただくワークです。

① 戒めの法則　～先祖調査を計画しよう

●役所はどこか

●菩提寺はどこか

●その他、調べられる場所・人はないか

●実施スケジュール

西田文郎「命と脳」

「突き抜けの法則」7つの鉄則ワーク ②

「突き抜けの法則」７つの鉄則を実践するにあたっての、セルフチェックに活用していただくワークです。

② No.2 の実績考課をしてみよう。

・トップに対し忠誠心を発揮しているか	
・自分の美学は捨て切って、仕事に挑んでいるか	
・トップに気を遣わせず、トップに気を使い切っているか	
・トップが喜ぶ新しいアイディアをトップに提供できているか	
・現場の意見や流れをトップにしっかり報告しているか	
・組織の監査役として、部下を統率する役割がしっかりできているか	
・常にトップの考えを徹底して部下に伝えているか	
・部下及び自身の適切な時間管理を行えたか（全ての部下の見本）	
・管理、経営、統率などの職務遂行は信頼のおけるものであったか	
・言動はトップに充分認められるものであったと思うか	
・法令、規則を守り、No.2 の良識を持って行動しているか	
・No.2 にとって一番大切な自己犠牲能力は、完璧であったか	
・トップから見て、評価に値する最高の No.2 であったか	

西田文郎「命と脳」

「突き抜けの法則」7つの鉄則ワーク ③

「突き抜けの法則」７つの鉄則を実践するにあたっての、セルフチェックに活用していただくワークです。

③ あなたにとっての「自分以外を喜ばせる幸せ」＝『他喜力』とは何か。

・人類への他喜力
・国民への他喜力
・消費者への他喜力
・お客様への他喜力
・上司への他喜力
・部下への他喜力
・配偶者への他喜力

「突き抜けの法則」7つの鉄則ワーク ④

「突き抜けの法則」７つの鉄則を実践するにあたっての、セルフチェックに活用していただくワークです。

④ 10 人の法則

- お世話になった 10 人の方との「良い別れ」について考える。

お名前	「良い別れ」であったか	恩を伝えるために今後できることは何か

憶聴を起こす「イメージ」「言葉」「動作」

イメージ（祈る・拝む）×プラスの言葉×動作を連動させ、反復することによって、記憶の奥深くに働きかけ、よい憶聴を作ることができます。

あなたの憶聴を起こす「イメージ」「言葉」「動作」を決め、実践しよう。

●何をイメージするか（祈る、拝む対象。イメージすること　など）

●プラスの言葉を決める

●連動する動作を決める（例 :No.1 ポーズ　など）

西田文郎「命と脳」

あなたの名前に刻まれた、日本人の命

あなたの名前を分析してみよう。

あなたの名前の一文字一文字には、先祖から受け継いだ思いと、両親の願いが込められている。あなたの名前の文字をそれぞれ調べ、意味を考えてみよう。

(ひらがな・カタカナの名前にも、それぞれ意味があるはずである。名前の由来を知らなければ、この機会に調べてみよう)

●名前を１文字ずつ書く

●文字ごとの「音読み」「訓読み」を調べよう（辞書や検索で）

●文字の持つ「意味」を考えよう

●親と先祖から受け継いだ「自分の名前の意味」を考えよう

西田文郎「命と脳」

自分との「ピグマリオンミーティング」

あなた自身と「ピグマリオンミーティング」をするためのシートです。
肯定的な言葉で、あなたの脳の入力と出力を繰り返し、『泉の法則』を起こしましょう。

● あなたの長所、あなたがツイてると思うことを書き出そう。

● あなたのこれまでの実績を褒めよう。

● 「こうすれば、あなたはさらに実績を上げる！」と思うこと。

● 『信念の魔術』あなたの信念を、言葉にして表明しよう。

(例：俺はやる、何があってもやり遂げる。俺は負けない。自分の脳に感謝する。俺は明るく強く、必ずやり遂げる)

西田文郎「命と脳」

死を考え、強く生きる！

命とは「時」。自分の命の時間を、どう使って生きるか。
「死」から考え、強く生きる指針としよう。

1） 生を考える　～あなたは今日からどう生きていきたいか

2） 死を考える　～あなたの理想の死に方は

3） 役割を考える～この生におけるあなたの役割は何か

4） 決断する　～残りの命の時間のために、決断することは何か

西田文郎「命と脳」